谷园 著

谷园讲通鉴

秦汉简史

民主与建设出版社

· 北京 ·

图书在版编目（CIP）数据

秦汉简史 / 谷园著 . -- 北京：民主与建设出版社，
2022.10

ISBN 978-7-5139-3994-2

Ⅰ . ①秦⋯　Ⅱ . ①谷⋯　Ⅲ . ①中国历史—秦汉时代—
通俗读物　Ⅳ . ① K232.09

中国版本图书馆 CIP 数据核字（2022）第 189430 号

秦汉简史

QINHAN JIANSHI

著　　者	谷　园
责任编辑	王　倩
封面设计	昇一设计
出版发行	民主与建设出版社有限责任公司
电　　话	（010）59417747　59419778
社　　址	北京市海淀区西三环中路 10 号望海楼 E 座 7 层
邮　　编	100142
印　　刷	三河市龙大印装有限公司
版　　次	2022 年 10 月第 1 版
印　　次	2023 年 1 月第 1 次印刷
开　　本	710 毫米 ×1000 毫米　　1/16
印　　张	16
字　　数	198 千字
书　　号	ISBN 978-7-5139-3994-2
定　　价	59.80 元

注：如有印、装质量问题，请与出版社联系。

历史是生活的老师

　　本来计划只写八本国学励志书，分别是关于曾国藩和"四书"、《易经》、"黄老"、《庄子》《韩非子》《史记》《资治通鉴》的。要把这些最重要的国学经典的"老酒"装进励志书的新瓶子，接上地气，让普通老百姓能看得懂、学得会，我就算功德圆满了，既为往圣继绝学，又开创了一个新的图书门类——国学励志。

　　按照这个计划，在写完《吃透曾国藩》《人生四书》《简易经》之后，接着开始写道家的黄老。写到十几万字时，我感觉得调整一下。因为道家出于史官，道家的理念得用历史来验证和支撑，如果没写过历史方面的书，一上来就写道家，会显得很单薄，无法让人信服。

　　于是，我把计划中对于《资治通鉴》的解读提前了。之所以不是《史记》，是因为王立群讲《史记》比较有名，但目前还没人讲《资治通鉴》比较有名，我希望自己能是那个人。

　　待我写了四十多万字的书稿，写到了南北朝，还剩四十多万字就可以写完时，我开始担心这么厚的书出版后没人买怎么办。于是我改变了计划，开始去做视音频。

　　后来在黄骅广播电视台的支持下，有了这个中国首档国学励志脱口秀节目《谷园讲通鉴》。现在您拿在手中的这本书，就是由我反复修改后的终极文字版。我先前写的四十多万字的初稿风格非常简洁，适合

出书，而不适合演播，因此我在做节目时推倒了初稿重写了演播稿，现场录制时还进行了调整；录完节目制作时还做了少量修订，时不时插入个"谷园补白"；然后从节目还原成书稿的形式，又费了很大的功夫；最后按出版标准，编辑还要再次进行修订。

在这个艰苦的过程中，内容更加严谨，同时我的计划又变了，我的想法也更多了。

本来我只计划把《资治通鉴》里精华、精彩的思想和故事从头到尾串下来，让内容生动精彩。可是，一旦做成节目，一期期地播放，我就希望每一期节目的内容都是越丰富越好、越生动越好、越有思想越好、越准确越好。

于是，很自然地，内容不再局限于《资治通鉴》，而是着眼于《史记》等第一手史料，以及相关的各种国学经典。本书则会成为一个讲述的框架、一个筐。您会看到，其中有很多直接引用文言文的地方，标注的是《史记》中的出处。直到汉武帝之前的内容，也都会如此，我把大半部《史记》都装进了这个筐里。

以第一部《战国简史》来讲，其中有不少内容是从《战国策》里节选的。在讲到吕不韦和韩非子时，还花了很多工夫讲《吕氏春秋》和《韩非子》，即把这三部经典中的精彩思想也都装进了这个筐里。

英国哲学家柯林伍德有句名言：一切历史都是思想史。我就是在讲一部有思想的历史。

这也正是中国传统的历史观。中国史家的宗师是孔子，孔子作《春秋》为的是微言大义，建立中国人的价值传统。司马迁著《史记》为的是究天人之际，通古今之变。司马光编《资治通鉴》为的是教授皇帝如何治国平天下。二十四史不是人物事件的罗列，不是故事会，而是中国人曾经的思想、智慧和精神的总结。借用曾国藩的话来讲就是：经济之学，诸史咸备。历史是经世济人的思想学问。

意大利的克罗齐讲：一切历史都是当代史。中国人爱讲"以史为鉴"。把历史当镜子，照见的肯定是当下的自己。立足当下，既是研究历史的态度，又是讲历史的手段。我会尽量多地把当下的元素，包括热门的人物、事件、电影，甚至段子，也都装进这个筐里，让历史变得更加亲和、生动。

其实，历史本来离我们也不远，秦皇汉武踩过的大地，仍然在我们脚下。很多表面的东西可能变了，然而更多本质的东西却都没变。

克罗齐还讲过一句话：历史是生活的老师。

这与我的国学励志理念十分契合。历史包含着海量的人生经验，教给我们怎样思考和解决生活所面临的各种问题。

以我自己为例，我是小城中的一个小人物，像上蔡的李斯一样，过着平凡的日子，揣着伟大的梦想。

李斯是怎样追求梦想，实现人生价值的呢？他先是学习，拜荀子为师，努力提高自己的学识；然后到了更高的平台边继续学习，边等待机会；待机会到时，他凭能力抓住了机会，就成功了。

我也可以这样，为了生计努力工作的同时，坚持学习。互联网就是一个更高的平台，我把书和节目搬上了互联网，在这个平台上继续努力。

最后，再打两句小广告。

一是宣传我的国学励志理念的：

激励精神、广求智慧，让国学经典接地气。

二是宣传《谷园讲通鉴》的：

最牛的人、最酷的事儿、最经典的智慧、最极致的精神，上下千年、生死兴衰，尽在《谷园讲通鉴》。

谷　园

2022年2月

刘邦让身处底层的
我们看到了希望

　　秦汉史上承战国史，是《谷园讲通鉴》讲述的第二段历史。从公元前221年秦朝建立，一直到公元前195年刘邦去世，这二十多年间，人才层出不穷，秦始皇、陈胜、项羽、刘邦、李斯、范增、萧何、张良、韩信、田横、郦食其、张耳、陈馀等，都有着非常精彩的故事，要么励志，要么发人深省。

　　在这些人中，**刘邦是一个底层崛起的典范**，他的故事让身处底层的我们看到了希望。

　　刘邦出生在一个小县城下的小村庄，没有背景，没有文化，也没有什么机会，更没有赚到钱。家人都不喜欢他，有一次他去大嫂家吃饭，大嫂见他来了，赶紧拿起饭勺刮锅底，那意思就是：饭已经吃完了，你别进来了。父亲也总骂他：你怎么就不能跟你二哥学学，老老实实种地养家呢？

　　他活到40岁，最好的年华都过去了，却一件出彩的事也没做过，出丑的事倒是做了不少，要么欠酒钱不还，要么跟别人打架被官府追捕。这样的人会有未来吗？

　　有一次，他去咸阳，看到了秦始皇豪华气派的车队，非常羡慕，心想：大丈夫当如此！我得奋斗！

　　可是，他奋斗又能奋斗成什么样呢？

　　还不错，**人到中年时，他终于考取了公职，当了亭长**。放在今天，

大致是个副乡长或乡派出所所长。有了这个身份，他才终于娶上了媳妇，一边种地，一边上班，过上了贫贱夫妻的正常生活。

这样的日子过了没几年，48岁的他在一次执行公务时，出了大差错，犯了死罪。只好丢下年轻的媳妇、年幼的孩子，逃进大山。

这样的人生，还会有转机吗？以后能勉强活命就不错了。谁能想到，就是一个这样的人，**三年后率领大军攻入了秦国的首都，七年后成了皇帝！**

不过，这仍然不是刘邦最后的结局。他最后的结局，还应当包括他最爱的戚夫人和几个儿子。在他死后，他们都被吕雉害死。

这样的人生，你怎么看？

谷　园

目 录

c o n t e n t s

第一回　史上最厉害的皇帝和他的丞相

公元前221年，39岁的秦王嬴政终于统一天下。这不全是他的功劳，而是从秦孝公商鞅变法开始，140年来，秦国历代君王数世征伐，一棒传一棒才完成的事业。

接下来，嬴政做的第一件事是改名号。

今名号不更，无以称成功，传后世。

（出自《史记·秦始皇本纪》）

"王"的名号太小了，改叫什么呢？

李斯等大臣进言：古有三皇五帝，三皇即天皇、地皇、泰皇，五帝即黄帝、颛顼、帝喾、尧、舜。其中，泰皇最尊贵，您叫泰皇，如何？

嬴政摇头：不好，三皇五帝，干脆我就叫"皇帝"吧。

活着称"皇帝"，死后叫什么呢？以前，君主死了都有谥号，周文王、周武王、秦孝公、秦昭襄王，这些都是谥号。嬴政也觉得不好，要改革。

朕为始皇帝。后世以计数，二世三世至于万世，传之无穷。

（出自《史记·秦始皇本纪》）

　　秦始皇的功绩，通过谭其骧的《中国历史地图集》可以有直观的感受。"夏时期全图"上只有黄河流域等地区散落的一些小黑点，仅是一些原始部落而已；"商时期全图"上的小黑点比夏朝时密集，范围渐广；"西周时期全图"上的小黑点更加密集，范围更广，但仍是分散的一个个小城邑。

　　直到"秦时期全图"才呈现出一个完整的版图。秦始皇之前，虽然也有商汤灭夏、周武王灭商，也是改朝换代君临天下，但那时的天下跟秦帝国的天下不可同日而语。

　　那么，这个全新的帝国要怎么治理呢？能不能继续套用周武王当年的封建制？**所谓封土建侯，就是把天下划分成若干个诸侯国，分封给儿子们、功臣们各自去镇守、管理**。这样，秦始皇的儿子们、功臣们自然乐意。于是，丞相王绾主张实行封建制。

　　李斯时任廷尉，是掌管司法的最高官员，他反对：封建制不好，周朝之所以灭亡，就是因为实行了封建制，弄出那么多诸侯国来，整天互相掐，天下无一日安宁。如今，好不容易统一了天下，可不能再走这条老路。皇子们、功臣们可以赏赐金银财宝，但不能再封土建侯了。

　　秦始皇赞同：有道理，不能再走老路，那么，怎么做呢？李斯，你制定个方案吧。

　　于是，李斯被任命为丞相，领导了秦朝郡县制体系的建设。

　　分天下以为三十六郡，郡置守、尉、监。

（出自《史记·秦始皇本纪》）

　　划分天下为36个郡，大致相当于现在的省，每个郡设三大长官：郡守、郡尉、郡监。一个管行政，一个管兵事，一个管监察。一个统一的政体大框架出来了之后，

　　一法度衡石丈尺。车同轨。书同文字。

（出自《史记·秦始皇本纪》）

　　用教科书里的话讲就是秦始皇统一了度量衡，统一了文字。"车同轨"是什么意思呢？有学者认为，当时使用的是一种原始的轨道交通，与现在的火车相似，车轱辘都轧着固定的木制轨道跑，不是直接轧在土路上。车同轨就是把车的车轮轴距统一，这样一来，全国各地的轨道交通都能统一连贯起来。

　　秦始皇还修了三条"驰道"，驰道就是马车可以在上面奔驰的道，类似今天的高速公路，加起来有数千里之长。今天，我国的高铁、高速公路是世界上最长的，这是有传统的，也是有原因的。因为，我国太大了，整个国家的人员、物资太多了，要完全流转起来，交通就必须足够发达。

　　总之，"一法度衡石丈尺。车同轨。书同文字"代表着政治的统一、经济的统一、文化的统一。中华民族的大一统，由秦始皇打下了基础。

　　另外，秦始皇和李斯还推进了两项大举措。一是把原来六国的兵器都集中到咸阳销毁，化成铜水，铸成大钟和12个铜人，每个铜人重达12万斤。这叫"偃武修文，放马南山"，表示以后天下太平，不用再打仗了，这些兵器再也用不着了。二是把原来六国的豪门富户都迁到咸阳来。

徙天下豪富于咸阳十二万户。

（出自《史记·秦始皇本纪》）

为什么？省得他们在下面闹事，放到眼皮子底下好管理，也方便收租收税。这叫"强干弱枝、强本弱末"，即加强中央集权。

在整个建国创制的过程中，李斯展现出了卓越的才能，他可不是只会玩间谍战的人。李斯是实干家，他在按自己的思想去实践，把思想变成现实；思想家写的是书，实干家写的是历史，是直接影响并创造历史的。而且，李斯的才华并不比韩非差，前期的他可能自卑，嫉妒韩非；但后期的他在成长。鲁迅也曾讲过，秦之文章，李斯一人而已。

何止文章，李斯更了不起的还有书法。

前面提到的"书同文字"是什么意思呢？当时，原来六国的文字写成什么样的都有，**文字不同，文化就不同。各国有了各国的文化认同后，就很难再统一了**。那么，书同文字，同成什么样的文字呢？这就需要标准的样本，即小篆。小篆正是李斯所创。当然，不可能是李斯一人所创，可能是他领导着一群人，对字体做了规范，最终形成了小篆。

李斯亲自用小篆书写了识字课本《仓颉篇》，作为标准字向全国推行，可惜这个版本没有流传下来。不过，他亲笔书写的几块碑刻，包括峄山刻石、泰山刻石、会稽刻石等都传了下来，成为后代无数文人学习小篆的范本，影响极大。

那么，刻着李斯小篆的这几块碑刻是为谁立的呢？都是为秦始皇立的。秦始皇统一天下后，前后五次巡游天下，到峄山、泰山去封禅，到会稽等地视察，走到哪儿就在哪儿立块石碑刻上字：始皇帝到此一游（差不多就是这个意思），并写些歌功颂德的话。

对于秦始皇的五次巡游天下，后世很多人不赞成，认为每次都需要大批车马随从，劳民伤财，是暴君任性所为。实际上，秦始皇可不是出来玩的，出来巡游一趟也很辛苦，颠簸劳碌，也有危险。有次车队走到一个叫博浪沙的地方，咣当一声，一个大铁锤从天而降，差点儿把秦始皇砸死，砸在旁边的副车上了，把副车砸了个稀碎。怎么回事？有刺客！谁那么大胆？这个，后面再讲。

还有一次，秦始皇乘船渡江，忽然狂风大作，差点儿把船刮翻。秦始皇大怒：这片归谁管？

手下赶紧打听后，回来禀报：这片归湘君管。

这湘君是郡守吗？不是。是船政管理、交通部部长吗？也不是，是个神仙。旁边的山上有个湘君祠，供奉着湘君。秦始皇问：她是哪路神仙？敢跟我过不去！

手下：湘君是尧帝的女儿，舜帝的夫人，葬在江边的山上。

秦始皇：我不管她是谁的家属，她管这片是吧？你们去，把这山上的树全部砍光。她敢跟我过不去，我也不让她好受！

确实是暴君的做派，秦始皇的这一面我们第二回再作分析。这里主要还是说，秦始皇巡游天下是件苦差事，他完全是为了工作，用胡亥的话讲：

先帝巡行郡县，以示强，威服海内。

（出自《史记·秦始皇本纪》）

秦始皇就是要让天下人都看看皇帝的威仪，让六国遗民臣服。

秦始皇不巡游天下时，在咸阳宫内也非常勤政。《史记》讲：

天下之事无小大皆决于上，上至以衡石量书，日夜有呈，不中呈不得休息。

（出自《史记·秦始皇本纪》）

天下之事，事无巨细，秦始皇都亲自抓。每天批阅的公文有一定重量，不分白天黑夜，日清日毕，批不完不睡觉。

说这段话的是谁呢？是两个方士——侯生和卢生。这两位都是帮着秦始皇求仙问药的。这又是秦始皇让人诟病的一大问题：迷信神仙，妄图长生不老。秦始皇的身边有很多方士，他投入了大量人力物力，找神仙，找长生不老之药。

不能因为这点，就说秦始皇多么狂妄。我们不能用今天的眼光去看待历史中的问题，那个时代的人，自然有那个时代的观念。在那个时代里，连孔子师生都讨论鬼神问题。燕、齐等沿海地区的鬼神观念尤为浓厚，齐威王、燕昭王都曾投入了大量人力物力去找神仙，找长生不老之药。

可是，上哪儿找去呢？找不着，又没办法交差，怎么办呢？总得弄点儿东西回去应付一下。于是，有一次，卢生回来说：皇上，神仙我没有找到，但找到了一道神谕谶语，也就是一种神秘的预言，五个字：

亡秦者胡也。

（出自《史记·秦始皇本纪》）

灭亡秦朝的将是胡人。

这还了得？打！公元前215年，秦始皇派大将蒙恬率领30万大军北击胡人，打匈奴，把匈奴全部赶到黄河以北。继续打，打出来的地盘，又新设了几十个县。随后，由蒙恬主持，开始修建万里长城，西起临洮，东到辽东。

修建万里长城其实也无可厚非，此前赵、燕两国为了防备北方的胡人，都修建过长城。以后历朝历代也都在修建长城，这就跟盖房子都要修院墙似的。这当然要投入大量人力物力，弄得老百姓压力很大，这个投入值不值得呢？我们也不能把古人想得太傻，不值得还修它做什么？

同时，南方也在打仗。秦始皇把南越地区都打了下来，并入版图。新设了桂林、南海、象郡等几个郡。这些地方，当时都是蛮荒之地，有一些原住民，但人口很少。秦始皇一想：这么大的地方，别空着，干脆迁点儿人过去。于是，挑出50万人来，都迁到了南越。

总之，开头提到的"秦时期全图"呈现的秦朝版图，并不是统一了六国便是这样的，而是在统一六国之后，秦始皇又经过好一番征伐才打下来的。

秦始皇和李斯开创的这套大一统的中央集权制度，包括经济、文化的统一，是被历代因袭的。两汉、隋唐、宋元明清的皇帝怎样治理天下？主要还是用秦朝的这套政法。这个基础是秦始皇打下的，这算是软件方面。硬件方面，也就是疆域，也是秦始皇打下的基础。所以，不论后人怎么评论秦始皇，只凭这两条，秦始皇当之无愧是史上最厉害的皇帝、最伟大的皇帝。

李斯也同样了不起。一个好汉三个帮，秦始皇的军功章上一少半也得是李斯的。李斯是大政治家、大学者、大书法家，这样复合型的人才，后世极少有。

第二回　秦始皇是个暴君吗

　　方士侯生、卢生为秦始皇寻找神仙和长生不老之药，当然是找不着的，便想各种办法应付秦始皇。今天说，我找到一道神谕谶语"亡秦者胡也"；明天又说，我找到一本神书；后天又说，我找到条什么线索。

　　最后，实在应付不了，怎么办呢？散布谣言。干脆说，之所以找不着神仙，都怪秦始皇自己。秦始皇太世俗，太贪恋权势，每天批阅那么多文件，都得"衡石量书"，凡事都不放手，尘缘太重，神仙不待见这样的人，所以都躲起来了，不让我们找到。散布这些谣言之后，两人溜之大吉。

　　遇到这种事谁不生气呢？把秦始皇气得够呛。还有一个叫徐市的方士也把秦始皇气得够呛，徐市说：海中有三座神山——蓬莱、方丈、瀛洲，您给我几艘大船，外加几千童男童女，还有各种花销费用，我带着出海给您找神山去。结果，一去不回。

　　总之，新仇旧恨加在一起，秦始皇暴怒：杀！

犯禁者四百六十余人，皆坑之咸阳。

（出自《史记·秦始皇本纪》）

把相关的四百六十多人都"坑之"——活埋了。这就是著名的"坑儒",也是秦始皇的千古罪行之一。实际上,这里面有很多细节需要说明。

首先,秦始皇活埋这些人,不是不分青红皂白,逮过来就活埋的。《史记》记载,秦始皇在听说侯生和卢生背地里说他坏话时,"大怒曰":

吾前收天下书不中用者尽去之。悉召文学方术士甚众,欲以兴太平,方士欲练以求奇药。

（出自《史记·秦始皇本纪》）

我前一年（公元前213年）把"天下书不中用者尽去之",这是说"焚书",在"坑儒"之前我烧的都是"不中用"的书,没有实用价值,它们会把人心看坏的,我烧它们是好心好意,绝不是为了毁灭什么。之后,我把全国各地的"文学方术士"都召集起来,想让他们辅助我开创太平之世。可是,其中一些方士,不帮着我研究如何治国理政,却非要给我找什么长生不老的神药。我能说什么呢,找就找呗。结果,怎么样呢?

今闻韩众去不报,徐市等费以巨万计,终不得药,徒奸利相告日闻。

（出自《史记·秦始皇本纪》）

韩众（也是一名方士）找着找着就跑了。那个徐市,让我在这上面花的钱就更多了,最终神药没有找到,还带着三千童男童女、几十艘大船（装有弓弩）,一去不回了。

　　而且，每天听这些"文学方术士"之间互相告发，这个说那个怎么怎么着，那个说这个怎么怎么着。这种文人的德行，太让人厌恶了。

　　卢生等吾尊赐之甚厚，今乃诽谤我，以重吾不德也。

（出自《史记·秦始皇本纪》）

　　侯生和卢生我足够尊重他们，赠予他们的金银财宝不计其数，可他们竟然背地里诽谤我，坏我的名声。

　　诸生在咸阳者，吾使人廉问，或为妖言以乱黔首。

（出自《史记·秦始皇本纪》）

　　其他方士，据我调查，也没干好事，大多在妖言惑众，忽悠老百姓（秦朝时老百姓叫黔首）。

　　总之，这些人太可恶了，真该杀！

　　直接杀掉吗？不是。秦始皇虽然恨这些人，但还是要走法律程序的，派御史把这些人抓起来，挨个审问。这些人又是一通互相告发。最后，走完法律程序，审出四百六十多人有罪。

　　《史记》讲：

　　犯禁者四百六十余人，皆坑之咸阳，使天下知之，以惩后。

（出自《史记·秦始皇本纪》）

　　注意后面这几个字——"使天下知之"，这不是秘密处决，而是公开处决，就跟当年商鞅在河边举行公审大会一样，要的就是杀一儆百的震慑效果。

　　可能处置得太严厉了，多数人或许罪不至死。不过，这就是法家的风格——重轻罪。

那么，何以称"坑儒"呢？这些"文学方术士"都是儒生吗？

确实是。杀他们时，皇长子扶苏曾为这些人求情，提到"诸生皆诵法孔子"，意思是这些人都是学孔子的，自然是儒生。

怎么儒家还搞这些求仙问药的事呢？按我们现在的认知，这应当是道家或阴阳家干的事。章太炎、胡适都讨论过这个问题，都没讲清楚。钱穆的《国史大纲》里有个说法，儒家当时有两大分支：一个分支是齐学；另一个分支是鲁学。

齐学流于怪诞，其病在不经。鲁学流为训诂，其病在尊古。

（出自钱穆《国史大纲》）

这个解释挺好的。那些半仙方士，确实是儒家的，只不过属于齐学一派，他们就是研究这种怪诞不经的学问的。这样的儒生，装神弄鬼，所以被秦始皇活埋了。后来，鲁学一派慢慢成为儒家的主流，尊古、重视教育和文化传承，强调"四书五经"和传统的这套体系。一般人不知道这个区别，便认为：这么好的儒生，怎么能给活埋了呢，秦始皇真是个大暴君。

说完"坑儒"，我们再说说"焚书"。"坑儒"前一年，有一天，秦始皇大宴群臣，大臣们分组向秦始皇敬酒。其中有70位博士（与现在的博士不同，当时是掌管书籍文典、通晓史事的一种官职），他们来给秦始皇敬酒，领头的这位博士乘机拍马屁：皇上啊，您废除封建制，推行郡县制，这个改革太好了，老百姓们都叫好，自古以来也没有您这样的功德！

秦始皇听了挺高兴，挺受用。

这时，有个叫淳于越的博士说：皇上，我有一言，您别不爱听。您只看到分封诸侯国之后互相攻伐，没有看到诸侯国之间也彼此支撑。以

后，一旦有田氏代齐那样的事在朝廷发生，您就只能干瞪眼，外部没有
支撑，皇室子弟们都没有封地和兵权，谁都阻止不了。商朝、周朝正是
因为实行封建制，才能传国上千年之久。总之，

> 事不师古而能长久者，非所闻也。
>
> （出自《史记·秦始皇本纪》）

传统的那些东西也是有用的，做事情要是只图创新，而不尊重传
统，不学习前朝的经验，那事情是长久不了的。刚才那位，他就是拍马
屁，您别听他的，他不是忠臣！

秦始皇心里一沉：这个淳于越说的不无道理。这样吧，各位爱卿，
大家一起再议议这个事。

别人没怎么着，李斯急眼了，因为，郡县制是他极力主张的。心
想：你淳于越读了几本破书，一个书呆子，也敢来非议我？他思考了几
天，给秦始皇写了一篇奏折：

> 五帝不相复，三代不相袭，各以治，非其相反，时变异也。
>
> （出自《史记·秦始皇本纪》）

自古以来，三皇五帝都不一样，一个朝代有一个朝代的治理之法，
各有不同，因为时代在变化，怎么能都用商朝、周朝的治理之法呢？淳
于越哪里懂得这个道理？

先把淳于越批倒。

然后，李斯又把这个问题上纲上线：淳于越这是以古非今，拿古人
那套学说来否定咱们的大好局面，惑乱人心。像他这种人还大有人在。
他们之所以敢这样做，原因在于他们读了乱七八糟的书。

人闻令下，则各以其学议之，入则心非，出则巷议，夸主以为名，异取以为高，率群下以造谤。

（出自《史记·秦始皇本纪》）

每当国家推出一项政策，他们不是好好执行，而是拿着他们那套学说对国家的政策品头论足，然后就是各种不满，各种批评。谁批得最狠、最能骂，谁就是名士、高人、意见领袖，老百姓们不能明辨是非，就跟着瞎起哄。

如此弗禁，则主势降乎上，党与成乎下。禁之便。

（出自《史记·秦始皇本纪》）

如果放任这种局面，上面的皇帝的权威就会降低，下面的民间的这些人就会逐渐强大。所以，最好是查禁。

李斯绝对是辩论高手，他其实是使用了一种辩论技巧——诡辩。对于淳于越提出的问题，即一旦出现田氏代齐那种权臣篡夺皇位的情况，外部皇室子弟们都没有封地和兵权，不能遏制这种情况，怎么办？李斯没有正面回应，而是直接去攻击对方——你非议政策这种做法本身就不对，有损皇帝的权威，这样就把淳于越这个人给否定了，他的说法、想法自然就给否定了。

那么，怎样查禁呢？

李斯提出了方案：

臣请史官非秦记皆烧之。非博士官所职，天下敢有藏诗、书、百家语者，悉诣守、尉杂烧之……所不去者，医药卜筮种树之书。

（出自《史记·秦始皇本纪》）

"焚书"是一场文化浩劫。这一点，谁也给秦始皇、李斯平不了反。不过，作为当事人，他们有自己的立场。首先，烧的是其他六国国史，除了秦国国史，他国的国史都要烧掉。**欲亡其国，先灭其史**，狼子野心，何其毒也。

然后，《诗经》《尚书》和诸子百家的书要烧。用秦始皇的话讲，这些都是不中用的书。其中，《诗经》《尚书》较多涉及古代政治，经常被人拿来以古非今，尤其得烧。

那么，有没有不烧的书呢？有。中用的书，如医药、占卜、农业种植等领域的书，这些书中用，不烧。

另外，那些不中用的书也不是全部烧的。"博士官所职"即博士官手里的书可以留着。也就是说，这些书，皇帝还是可以看的，他的秘书们、顾问们，还是可以参考的，只是不让老百姓们看了。老百姓们该种地的种地，该做工的做工。如果你是士，既不种地，也不做工，有点儿文化想当公务员，需要"以吏为师"，你好好学习国家的法律法规就行了，别学那些乱七八糟的。

于是，"焚书"开始了。对于这一场浩劫，我还是坚决批判的。

不过，明朝人陈继儒，《小窗幽记》的作者有两句诗：

雪满前山酒满舡，一编常对老潜夫。尔曹空恨咸阳火，焚后残书读尽无？

只知道骂秦始皇"焚书"，可是那些没有焚的、流传下来的先秦著作，你读过几本呢？

其实，该传下来的书，多数还是传下来了。各种藏，有藏到墙里的，有藏到山里的，还有藏到坟墓里的。《汉书·艺文志》里编辑整理的前朝图书有上万卷之多，多数都是先秦的。到今天传世的先秦著作还有六十多种。

"焚书坑儒"这件事，站在历史的角度，大政治家的立场，还是应当冷静审视的。秦始皇、李斯的本意，不可能是找骂，他们也是为了巩固统治，只是方法不对。因为，最终推翻秦朝统治的人，根本就不读书。

坑灰未冷山东乱，刘项原来不读书。

（出自章碣《焚书坑》）

刘邦、项羽根本不读书。你烧书有什么用呢？

那么，刘邦、项羽，还有他们前面的陈胜、吴广为什么要起义推翻秦朝的统治呢？这个问题的根，确实是在秦始皇这儿。虽然，那时他已经死了，他活着时，偌大的帝国，一次动乱也没出现过，他镇得住。但是他死之后，就不行了，很快便镇不住了，天下大乱。为什么呢？钱穆讲：

秦代政治的失败，最主要的在其役使民力之逾量。

（出自钱穆《国史大纲》）

秦始皇把老百姓用得太狠了。开疆辟土，打仗，几十万人；打完仗，修长城，又是几十万人。更要命的是，修陵墓、阿房宫，搭上的人更多。

还有直道、驰道等大量的政府工程，用的人很多都是徒役，都是犯了法的人。哪来的那么多犯法的人呢？这就看法律严苛到什么程度了。秦始皇以法家思想治国，重轻罪。《韩非子》举商朝重轻罪的例子，"弃灰于公道者断其手"，把锅灰倒在大街上，这个罪就得把手剁了。

老百姓动辄获罪，所以罪犯刑徒太多了，都去给国家白干活。当良

民都不容易，当了刑徒当然更难，好多人都累死了。最终，老百姓受不了了，要么战死，要么累死，要么被苛政逼死，索性造反。

所以，秦始皇的问题，究其根本，还是贾谊说的那句话：

仁义不施而攻守之势异也。

（出自贾谊《过秦论》）

打天下与守天下的方法是不一样的。守天下，得讲仁义，得仁爱。而秦始皇恰恰没有仁爱之心，他冷酷无情，对于死人这件事没有感觉。他这种性格适合去发动战争，所谓"慈不掌兵"，打仗就得死人，讲不得爱心。

秦始皇的冷酷无情让我印象深刻。有一次，他发现，丞相李斯的随从有好多人，规格太高了，太排场。他就挺不高兴，可也没跟李斯说。然后，等过两天，再看李斯，后面没人了，随从都撤了。秦始皇一想：闹了半天，李斯在我身边有眼线，有事就给他通风报信。查！看看到底是谁报的信。结果，众人死活不承认。最后怎么办呢？秦始皇就把那天在他身边，并知道他那天不高兴的人全部杀掉了。

为什么这件事让我印象深刻呢？因为，在打仗、修宫室陵墓那些事上死的人，都不在他眼皮子底下，跟他也不沾亲带故，他不动心，这也稍微可以理解。而这次，他杀的都是身边的人，都是朝夕相处的人。正常人，即便小狗、小猫天天跟着，也得有感情。可是，秦始皇说翻脸就翻脸，说杀人就杀人，这就太冷血了。

对于他的这种性格特点，后世有很多讨论，郭沫若认为，亲政之前的秦始皇，"身体既不健康，又受人轻视，精神发育自难正常"。

怎么知道秦始皇身体不健康呢？《史记》里有一段记载，大梁人尉缭来给时为秦王的秦始皇献计，提醒他不要走智伯的老路，要防止六国合纵。

愿大王毋爱财物，赂其豪臣，以乱其谋，不过亡三十万金，则诸侯可尽。

（出自《史记·秦始皇本纪》）

秦王嬴政和李斯大搞间谍战对付六国的这个战略，主要是这位尉缭提出来的。而且尉缭写了一部兵书传后世，那就是《尉缭子》。秦王对他很欣赏，见面都不施君臣之礼，以朋友相待，赏赐也很多。可是，尉缭却跑了。为什么？因为，他给秦王看相了，后世很多兵家人物都会看相，他说：

秦王为人，蜂准，长目，挚鸟膺，豺声，少恩而虎狼心，居约易出人下，得志亦轻食人。

（出自《史记·秦始皇本纪》）

秦王的相貌：蜂准，大高鼻梁；长目，大长眼睛；挚鸟膺，猛禽的胸脯，说白了就是"鸡胸"；豺声，说话的声音跟豺狼似的，呼噜沙哑。这样的人，多数都是寡恩少情，且有虎狼之心的。他不得志时特别能讨好人；等他得志时，就得吃人。

郭沫若从秦始皇的这个"鸡胸"和声音沙哑，推断秦始皇有类似佝偻病、气管炎之类的疾病。而且，史书中还提到，嫪毐曾跟赵太后说过，等嬴政死了就让他跟赵太后的儿子继位。当时嬴政不过二十来岁，嫪毐就这样讲，说明秦始皇的身体肯定不健康。

秦始皇的心理，就更不健康了。3岁时秦始皇就被抛弃，亲爹嬴异人、假爹（仲父）吕不韦都跑了，只留下他和母亲赵姬孤儿寡母在赵国，在姥姥家里，也算寄人篱下。秦始皇的整个童年肯定没少受气，所以，刚一打下赵国来，他便亲自回了邯郸，把仇家全部杀光。可见，童年的怨恨他一天也没忘。

　　13岁时即位成为秦王，却不能亲政，被吕不韦压着。他母亲既跟吕不韦好，又跟嫪毐好，他也不知道自己到底是谁的儿子，背后得多少人议论啊。更重要的是，他的母亲好像还跟嫪毐站在一起，想害他。他还能相信谁呢？最终，秦始皇形成了报复型人格，成为一个暴君。

　　那么，我一会儿说秦始皇伟大，一会儿又说他是暴君，一会儿又说他人格不行，我到底要说什么呢？我要说的只是一个道理：历史人物是复杂的，不是非黑即白的，看人要全面。

第三回　秦始皇身后的阴谋

　　公元前211年十月，秦始皇最后一次巡游天下，他的小儿子胡亥和左丞相李斯随行。留下右丞相在咸阳主持政务。《史记》详细记载了此次巡游的路线：从咸阳出发，出武关，进入原来的楚地，走了大约一个月（可能是乘船走长江的最大支流汉水），十一月到达云梦泽，大致就是今天武汉一带，到了长江。

　　然后，"望祀虞舜于九嶷山"，遥望远处的九嶷山，祭祀舜帝，舜帝墓在九嶷山。接下来，"浮江下"，坐着船，沿长江东下，到了丹阳上岸，奔钱塘，然后到达会稽山。在会稽山祭祀大禹，大禹葬在这里。李斯的传世会稽刻石，即为此时所刻。祭祀完大禹后，北上，经过吴地，即今天的苏州、无锡、常州一带，然后到江乘，又上了长江，向东出海。由海路北上，到了琅邪（今作"琅琊"），就是今天的山东省青岛市南边一带。这时，秦始皇做了个噩梦，梦到和海神打仗。

　　之前徐市常说，之所以到不了蓬莱，找不回仙药，是因为海神、海怪作梗。所以，徐市要在船上装备强弩等武器。其实，徐市是准备登陆后打殖民地用的。秦始皇不知道这个事实，正好做了这样的梦，便大怒，非要会会海神。怎么会？海神长什么样呢？手下有位博士说，海神真形不可见，常化身巨鱼。然后，船到了芝罘岛附近，就是今天烟台一带，真遇到了巨鱼，秦始皇用连弩将其射杀。最后，

遂并海西。至平原津而病。

（出自《史记·秦始皇本纪》）

"遂并海西"，最后到了渤海的西边；"至平原津而病"，平原津是古黄河上的一个渡口，就在今天的山东德州。由此可以推断，秦始皇是从渤海西边进入古黄河入海口，沿黄河而上。这个古黄河入海口在哪儿？就在我的家乡黄骅，这算是我离秦始皇最近的一次。

秦始皇在平原津病倒，继续西行，换陆路，至沙丘病死，享寿50虚岁。沙丘在今天的河北省邢台市广宗县内。生在邯郸，死在邢台，两地紧挨着，貌似也是宿命。

这时，已经是公元前210年七月了。

这一趟走了大半年，所以说，秦始皇巡游天下确实是个苦差事。

秦始皇生前特别忌讳说"死"，所以群臣没人敢跟他提身后事，可他的陵墓却一直在修，从13岁即位就开始修，投入的人力物力比修长城、打匈奴还要多，可见在他的观念里对死后的世界还是充满信心的。认为死亡之后，还可以继续当皇帝。那他怎么还讳言"死"呢？挺奇怪的。

因为秦始皇讳言"死"，所以没有提前安排好传位的事，没有明确太子是谁。直到病危之际，才仓促立下遗诏，装在"信封"里，封上泥盖上玉玺，让使者给长子扶苏送去。

结果，这封信还没交给使者，秦始皇就驾崩了。于是，遗诏便落在了大宦官赵高手里。赵高当时是"中车府令"，就是掌管秦始皇车马出行的官，并且"行符玺事"，兼职保管秦始皇的玉玺。《史记·李斯列传》讲：

始皇帝至沙丘，病甚，令赵高为书赐公子扶苏。

（出自《史记·李斯列传》）

秦始皇的遗嘱也是赵高执笔写的。赵高又管车马，又管玉玺，又管执笔写这么重要的文件，是绝对的亲信。官职未必有多高，但其权势不在丞相之下。

这个赵高是什么来头呢？《史记》这样讲：

赵高昆弟数人，皆生隐宫，其母被刑僇，世世卑贱。

（出自《史记·蒙恬列传》）

赵高和兄弟几人"皆生隐宫"。隐宫什么意思？《史记正义》讲：古代被施了宫刑的人得在屋里隐蔽休养百十来天，这就叫隐宫。《史记索隐》讲：赵高的父亲就是被施了宫刑的，连累他的母亲和兄弟们也都成了奴，而且他的兄弟们也都被阉割了，这就是所谓的"皆生隐宫"。这个出身绝对是底层的底层。

然后，《史记》又讲：

秦王闻高强力，通于狱法，举以为中车府令。

（出自《史记·蒙恬列传》）

那是在秦统一六国之前，秦王听说赵高强壮有力，又精通刑狱法律。怎么听说的呢？是听他的一个近臣说的。当时赵高在这个官员家里打杂，深得其欣赏栽培，后来在其手下做刀笔吏，处理各种法律事务，展露了才能。然后，秦王把他召进宫里，提拔他成为中车府令，一干就是二十多年。

赵高还写得一手好字。前面讲"书同文字"，李斯写了一本标准的小篆字帖《仓颉篇》，实际里面有一部分是赵高所写。

秦始皇还让赵高做他小儿子胡亥的老师，教胡亥书法和法律，足见赵高在秦始皇面前有多红。从最底层到了这样的位置，很励志！

那么，他是不是也有报复型人格呢？也许吧。

接着说秦始皇那份遗诏，上面写着什么内容呢？主要是这么一句话：

> 以兵属蒙恬，与丧会咸阳而葬。
>
> （出自《史记·李斯列传》）

前面说过，秦始皇"坑儒"时，皇长子扶苏给这些人求情。

> 始皇怒，使扶苏北监蒙恬于上郡。
>
> （出自《史记·秦始皇本纪》）

秦始皇发怒：你别在我跟前了，别在咸阳了，你去北疆跟蒙恬防卫匈奴去吧。

从表面上看，这是对扶苏的贬斥，实际上未尝不是对扶苏的历练，只是扶苏未必能理解。最终，秦始皇只能写遗诏让扶苏把军队交给蒙恬，赶紧回咸阳主持葬礼、发丧。意思很明确，就是让扶苏继承皇位。

对此，赵高感觉到很大的压力，他拿着秦始皇的遗诏，琢磨：扶苏跟蒙恬的关系很好，一旦扶苏即位，蒙家不就更得势了。而蒙家是我的仇人啊！

此前，赵高曾经犯过一个案子，蒙恬的弟弟蒙毅负责审理，蒙毅给赵高定了死罪。幸亏秦始皇给保着，赵高才没有死。

赵高继续琢磨：要是换成胡亥即位，那就好了。胡亥是我的学生，我太了解他了，完全可以把他玩弄于股掌之间，到那时，大秦帝国不就是我的了吗？干！怎么干呢？不能着急。当务之急是把秦始皇驾崩这件事处理好，这得听丞相李斯的安排。

秦始皇死时，守在身边的只有李斯、胡亥、赵高，还有五六个贴身宦官。其他随从的官员平时根本没有机会见到秦始皇，有什么请示汇报的事，都是通过李斯和宦官传话。于是，李斯召集这几个人开了个会：此事务必保密！咱们现在出游在外，咸阳那边一旦得知皇帝驾崩的消息，也没立太子，还不知道有多少人要争夺皇位呢，非得出大乱子不可，咱们能不能回去都不好说。

于是，这几个人都假装什么事也没有发生，每天照常早请示、晚汇报，按时送饭、倒马桶什么的。

随后，尸体腐烂，臭了，怎么办呢？拉两车臭海鲜，压住臭味，掩盖这件事。总之，就是一边演戏，一边抓紧回咸阳。

而赵高的计划在路上就搞定了。他先找胡亥：殿下，等回到咸阳，您大哥扶苏就当皇帝了。按照大秦的政策，也不封诸侯，那可就没您啥事了。有啥想法不？

胡亥说：我能有什么想法啊？

赵高直接亮出底牌：

且夫臣人与见臣于人，制人与见制于人，岂可同日道哉！

（出自《史记·李斯列传》）

当皇帝跟当大臣，管人的和被管的，那可就差太多了。我有办法说服李斯，一起拥立您做皇帝，您敢不敢？

胡亥吓了一跳，又惊又喜，不过嘴上说：不好吧，跟大哥抢皇位这是不义；违背了父皇的意愿，这是不孝。我不能做这样的事。

赵高说：什么不忠不义？这是两回事。

夫大行不小谨，盛德不辞让。

（出自《史记·李斯列传》）

节操，确实很重要，但你要干大事，就不能拘小节；辞让是美德，但真正的高行大德，做事情，是不辞让的，要当仁不让。

乡曲各有宜而百官不同功。

（出自《史记·李斯列传》）

一个地方有一个地方的风俗，一个官职有一个官职的考核办法，凡事不可一概而论。

这意思简单来讲就是一句话：这会儿，您就先别拿道德来说事了。

赵高继续讲：

故顾小而忘大，后必有害；狐疑犹豫，后必有悔。

（出自《史记·李斯列传》）

您要是因为这种"小节"而放弃，并犹豫不决，将来"见制于人"时，就后悔也来不及了。

断而敢行，鬼神避之，后有成功！

（出自《史记·李斯列传》）

这句话太经典了！你要下决心做一件事，就要给自己打气，没有比这句话更给力的了。意思就是，您只要当机立断，敢闯敢干，连鬼神都得给您让路，眼前的困难也都会解决，最终必将成功！殿下，您就下决心吧！

胡亥立即被说服了：老师，您说得太对了，我听您的。可是，您要怎么去说服李斯丞相呢？现在父皇还未下丧，就去找丞相说这事，不妥吧。

赵高继续讲：

时乎时乎，间不及谋！赢粮跃马，唯恐后时！

（出自《史记·李斯列传》）

《史记》真不愧是"史家之绝唱，无韵之离骚"！这一句话，把赵高那种兴奋与焦急一下就展现出来了。赵高讲：时机稍纵即逝，一旦错过，什么谋划都得泡汤。我整天像带着干粮骑着快马那样狂奔，就是怕被时机甩掉，一定要一直抓住时机！

赵高立即去找李斯，开门见山：丞相，皇帝的遗诏是要扶苏即位。可是，您知道扶苏为人刚毅勇武，连他爹都敢刚，对您主持的好多工作都有看法。他要是即位，肯定就得提拔蒙恬当丞相。我在宫里待了二十多年了，朝里也换过几次丞相了，我还没见哪个被罢免的丞相最终能保住性命的。

简单几句话，针针见血。李斯心中一惊，不过，他嘴上仍不服，说：赵高，你管好你自己就行了，我做我的忠臣，生死由命。

赵高继续讲：

安可危也，危可安也。

（出自《史记·李斯列传》）

怎么能听天由命呢？这是智者说的话吗？安危是靠自己把握的。只要您和我达成一致，拥立胡亥即位，就可以转危为安。然后，丞相您可以一直做，子孙可以长保平安富贵。而且，您同意也得同意，不同意也得同意。胡亥硬要即位，您挡得了吗？您要是把胡亥也得罪了，您可就两头都抓不住了。说句痛快话，您打算怎么办吧？

　　李斯也被说服了。

　　于是，赵高和李斯篡改了秦始皇的遗诏，改立胡亥。把给扶苏的信也改了：你跟蒙恬带着数十万大军，那么多年也没有立什么功，还整天怪皇帝不把自己立为太子，太不孝了，赐死！蒙恬在这中间也没有起到什么好作用，失职，也赐死！

　　扶苏真信了，看来他就是没有真正理解他父亲让他去防卫匈奴的目的。蒙恬拉着他：这么大的事，咱们回复个信，再请示一下吧。

　　扶苏说：玉玺印、文字文风和使者半点假也没有，还请示什么啊？

　　扶苏真就自杀了。

　　为人父、为人子者，于此当有所警醒！父子之间，有话也要讲明白，爱要大大方方地亮出来。

　　蒙恬不肯自杀，却也束手就擒，放下自己亲手带了十几年的30万秦朝主力军，坐上囚车。他想回咸阳见秦始皇，好好解释一下。但半路上蒙恬也被杀死，整个蒙家也都完了。

　　这也足以见得秦始皇帝王手腕之强！要赐死你，你手下有30万大军，也不敢造反，可能连这想法都不敢有！

　　那么，蒙恬走了，这30万边防军交给谁统领呢？交给了蒙恬的副将王离。王离就是王翦之孙、王贲之子。关于他，以后还有故事要讲。

　　回到胡亥、赵高、李斯这边，他们在公元前210年九月，拉着秦始皇的遗体，还有那两车臭海鲜回到了咸阳，将秦始皇安葬在骊山陵墓。

　　骊山陵墓是世界上最庞大的陵墓之一。从嬴政13岁当上秦王就开始修，统一天下后，更是征调了七十多万人继续修，总共修了39年。《史记》讲：

以水银为百川江河大海，机相灌输，上具天文，下具地理。以人鱼膏为烛，度不灭者久之。

（出自《史记·秦始皇本纪》）

大意是，陵墓在地下营造了一个小宇宙，有天空，有繁星，有大地，也有山河湖海，到处都是奇珍异宝，用娃娃鱼的油做的烛火，长明不熄。

所以，这座陵墓肯定是史上最让盗墓者向往的陵墓。那怎么避免陵墓被盗呢？有两个办法。一是

令匠作机弩矢，有所穿近者辄射之。

（出自《史记·秦始皇本纪》）

找了很多能工巧匠，设置了很多机关暗器，盗墓者一触发就会被射死。

二是这些工匠都知道这些机关暗器，他们要盗墓怎么办呢？就在安葬完秦始皇，工匠把机关都安排好，闭合第一道墓门后，工匠出来再闭合第二道墓门时，外面的人直接把最后一道墓门落下，封死。这些工匠就都死在里面了。

这管用吗？

几年后项羽打进咸阳，把地面以上的都给烧了，地面以下的也给挖了一通。后来的赤眉军、后赵石虎、唐末黄巢，据说都来挖过这座陵墓。今天的兵马俑坑是考古大发现，是世界游客热衷的观光景点。站在秦始皇的角度，他肯定也不乐意自己的陵墓被人挖开，敞亮着，欣赏。一座陵墓用七十多万人，三十多年去修建，一个秦始皇嬴政怎么够埋呢？它埋葬的是整个大秦王朝。

第四回　李斯之死

秦二世胡亥从他爹身上别的没继承来，只继承了一样，那就是残暴。胡亥继承皇位后，面临的第一个问题是：他爹后宫的女人们怎么办呢？《史记》讲：

二世曰："先帝后宫非有子者，出焉不宜。"皆令从死，死者甚众。

（出自《史记·秦始皇本纪》）

他把后宫中凡未生养子女的嫔妃全部杀掉殉葬，一起埋进了秦始皇陵墓。

殉葬，是中国文化中很卑劣的一部分，由来已久。《诗经》里有一篇《黄鸟》，讲的是春秋时秦穆公死后，让他的三个贤臣殉葬的故事。

交交黄鸟，止于棘。谁从穆公？子车奄息。

维此奄息，百夫之特。临其穴，惴惴其栗。

彼苍者天，歼我良人！如可赎兮，人百其身！

（出自《诗经·黄鸟》）

意思是，黄鸟交交叫，落在酸枣棘丛。谁在给穆公殉葬啊？原来是子车奄息。子车奄息可是百里挑一的贤能人才啊，围观的人们都为他痛哭颤抖。苍天啊，为什么让这么好的人殉葬？如果可以交换，我们宁可自己替他死。

还有一个春秋时的故事：吴王阖闾的女儿因为跟阖闾怄气而自杀，阖闾很痛苦，给女儿修了座大大的陵墓，下葬时，找人用几只白鹤表演节目，边走边演，吸引了很多老百姓围观，一直跟着下葬的队伍观看，跟进了陵墓里面继续看。阖闾在外面，咣当一下，放下了巨大的墓门，把陵墓封死，这些看白鹤的人都跟着殉葬了。

《墨子》也讲过殉葬：

天子杀殉，众者数百，寡者数十；将军大夫杀殉，众者数十，寡者数人。

（出自《墨子》）

墨子是春秋末战国初人，从他这段话中可以看出当时殉葬之普遍。国君死了，便要几十个几百个人殉葬；将军、大夫死了也要几个几十个人殉葬。

这太不人道了，很多人都反对。墨子讲这句话，也反对殉葬，批评殉葬。孔子也讲：

始作俑者，其无后乎！

（出自《孟子·梁惠王上》）

孔子不但反对拿活人殉葬。即使拿人形俑陪葬，他也认为非常不好。他认为第一个制作俑的人，该断子绝孙。因为，有这种想法就不对。

说到人形俑，最著名的肯定是秦始皇陵的兵马俑。有人惊叹，这么多兵马俑，竟然各个容貌、表情不同，千人千面，为什么呢？答案很简单，秦始皇要的就是真人效果，他就是希望在死后的世界里，这些殉葬、陪葬的人还像活着时那样伺候他，供他使唤。

胡亥把秦始皇的后事处理完，开始坐拥江山当皇帝。皇帝怎么当呢？俗话说：不会做官看前样。我爹怎么当，我就怎么当呗。我爹巡游天下，我也得巡游天下。于是，他也出去巡游了一圈。

然后，再干点儿什么呢？有一天，胡亥跟赵高说：

夫人生居世间也，譬犹骋六骥过决隙也。

（出自《史记·李斯列传》）

人生在世，就像动车驶过站台，太快了。

吾既已临天下矣，欲悉耳目之所好，穷心志之所乐，以安宗庙而乐万姓，长有天下，终吾年寿，其道可乎？

（出自《史记·李斯列传》）

我既然已经当上了皇帝，世俗所慕再无追求，只想及时行乐，接下来我这辈子，就想着怎么高兴怎么来了，你看怎么样？

赵高说：恐怕还不行。您现在这个皇位当得还不稳，您的那些皇兄们，还有那些老臣、重臣，他们对您还都不服气。背地里，他们都怀疑遗诏是改过的，都虎视眈眈地在旁边盯着您，瞅着机会就得有动作，您哪能安心及时行乐啊？

胡亥一听：对啊，那怎么办呢？

赵高讲：

明主收举余民，贱者贵之，贫者富之，远者近之，则上下集而国安矣。

（出自《史记·秦始皇本纪》）

意思就是，您得懂得"一朝天子一朝臣"的道理。您是新上任的皇帝，要想稳固自己的地位，就得提拔新的团队为自己所用。本来贫贱疏远的、靠边站的人，您把他提拔起来，成为天子近臣，让他富贵，那他得多感激您，多死心塌地支持您啊！老的那些大臣，都是先帝提拔起来的，您对他再怎么好，他也不领您的情，不感您的恩，跟您不是一条心。所以，干脆拿他们开刀，树立您的威信。

胡亥：好，我明白了，开刀，开杀戒。

于是，胡亥把秦始皇另外12个儿子、10个女儿全部杀掉了，秦始皇所谓的"近官三郎"，亲信的外郎、中郎、侍郎，类似赵高这种秘书们，也都杀掉了。

皇帝杀人也不能随便杀，大秦帝国是讲法律的，得走法律程序，得调查，得有个该杀的罪名。结果，这一弄，每杀一个人，都得牵扯十几个或上百个人，搞得整个朝廷人人自危。

同时，继续大兴土木，修阿房宫。先帝生前没修好，这工程不能烂尾，得完成先帝遗愿，继续修，继续投入大量人力物力。

而且，赵高是刀笔吏出身，也就是玩法律、打官司出身的，他的思维方式是典型的以恶制恶、以暴制暴。于是，在国家治理层面，秦二世把秦始皇时期的严刑峻法又向前推进了一步。

这样，老百姓的生存状况就比秦始皇时期更差了，没有活路了。怎么办呢？正所谓，不在沉默中爆发，就在沉默中灭亡！于是爆发了！就在秦始皇去世一周年，公元前209年七月，陈胜、吴广在大泽乡起义，

打响了反秦第一枪。然后，短短两个月时间，整个大秦帝国就像一锅开水，沸腾了起来，天下大乱，刘邦、项梁、田儋等各路豪杰崛起。用《史记》的话讲：

> 山东郡县少年苦秦吏，皆杀其守尉令丞反，以应陈涉，相立为侯王，合从西乡，名为伐秦，不可胜数也。

（出自《史记·秦始皇本纪》）

"山东"是指崤山山脉以东的地区。在秦国人眼里，崤山以东就是东方六国，崤山以西就是秦国。崤山山势险峻，下有函谷关，易守难攻，一夫当关万夫莫开。此前，秦国以一敌六，一定程度上得益于有这道关隘作为屏障，其他六国打不过来。

"山东郡县少年苦秦吏"，造反的多数是年轻人，血气方刚，受不了底层官吏的欺压，早就心中有火。一旦有挑头的，立马就会反抗！

怎么应对呢？山东的地方官员赶紧派人向朝廷报信：皇上啊，大事不好了，老百姓都造反了，声势太大了，控制不住了，您快想想办法吧。

胡亥一听就烦了：你这是妖言惑众！我这么努力地治理国家，国家政策这么好，怎么可能有人造反呢？把这个报信的抓起来！

后面再来报信的，就都学乖了：皇上啊，也没多大事，只是些鼠窃狗盗之辈，动静稍微大了点儿，我们县长、郡守都能应付，都已经搞定了，您就放心吧。

胡亥一听挺高兴：大老远来了，挺辛苦的，赏赐你点儿什么吧。

好笑吗？其实一点儿也不好笑。王小波有篇杂文《花剌子模信使问题》，专讲这个问题。因为执政者只想听好消息，不想听坏消息，只想听谎言，不想听真话，导致大秦帝国对于山东形势没能及时做出正确反应，没能将造反消灭在萌芽状态，使各路起义军迅速壮大。

当年冬天，陈胜的一支大军在大将周章的带领下，打进了关中，到达戏水边，距咸阳城不足百里，数十万兵马兵临城下！

这简直跟做梦一样！胡亥着慌了，吓坏了，一面派大将章邯带兵迎战，一面责问李斯：你这个丞相是干什么的？怎么出了这么大乱子？你看怎么办吧？

李斯也吓了一跳，他倒不是害怕起义军，战争他经历得多了，那都是诸侯国打诸侯国。在他看来：底层的老百姓能有多大能耐，还能改朝换代吗？亘古未有。夏、商、周、秦，那都是贵族政权，平民百姓也想建立政权吗？不可能的。

李斯害怕的是，正在大批杀掉旧臣的胡亥会就此将他罢免。他习惯性地揣摩胡亥的心理：你问我怎么办，我看怎么办有用吗？我的看法要是跟你的看法不一样，不还是得按照你的看法办。那么，胡亥是怎么想的呢？

李斯揣摩了一番，心里有数了，便回答：皇上啊，

夫贤主者，必且能全道而行督责之术者也。

（出自《史记·李斯列传》）

贤明的君主都善于运用督责的办法。督责，督导问责。之所以出这么大乱子，根本原因还是督责落实不到位，管得不够严，刑罚不够重。老百姓不怕官吏，官吏不怕朝廷。

这又是法家的思维方式，治乱用重典。

胡亥点头：正合朕意，办！

于是，老百姓更遭罪了。

刑者相半于道，而死人日成积于市；秦民益骇惧思乱。

（出自《资治通鉴·秦纪三》）

治乱用重典，这话不错，可如何用，也有讲究。局部的问题，用重典，杀一儆百，当然是管用的，可是，这种全国性的大乱，用重典只能是火上浇油。

李斯虽然暂时把胡亥的问责应付过去。但是，他在胡亥心中的威信、形象，已经大打折扣。这时，赵高乘机出手。

此前，赵高忽悠胡亥：您这么年轻，执政经验相对少，与大臣面对面交流难免有所失误，那样，对于您神圣威严的天子形象会有影响。

胡亥：对啊，有时真有点儿力不从心，怎么办呢？

赵高：

天子称朕，固不闻声。

（出自《史记·秦始皇本纪》）

天子自称为"朕"，而"朕"的本义是只闻其声不见其人。按照这个道理，大臣们只能听令行事，是不能跟皇上见面的，那样才有神秘感。以后，再有大臣汇报工作，就让他们提前写好，以书面形式呈报上来。然后，我们帮您一起答复他。那样就比较周密了，既可以让大臣服气，也能维护您的形象，是不是？

胡亥被忽悠住了，照办，平常谁也不见。弄得连李斯跟他见一面都难了。

这时，赵高便来找李斯：李丞相，我跟您说件事。您看天下都乱成这样了，皇上却还在修阿房宫，还在每天玩，我只是一个宦官，位卑言轻，也不好进谏。您得说话啊！

李斯一听，感觉赵高是好意，答：老赵啊，我是想进谏，可见不着皇上啊。

赵高：这好办，我天天在皇上身边，哪天他闲着，我就派人请您过去。

李斯：好吧。

过了两天，胡亥在欣赏表演时，赵高派人去请李斯：皇上正闲着呢，赶紧过去吧。

李斯急忙进宫。胡亥很扫兴，把表演的人都打发走了，整理衣冠，会见李斯，耐着性子听完李斯的进谏，再欣赏，也没什么兴致了。李斯不知真相，过了两天，赵高又派人来请，李斯又赶紧进宫，又一次扫了胡亥的兴。经过这么几次后，胡亥便彻底怒了：噢，我天天闲着他不来，专挑我欣赏表演的时候来，李斯太可恶了！

赵高立马接上话：皇上啊，您要是不说，我还不敢说呢。李斯他确实别有用心，您当上皇帝，他出力不小，可是他也没得到什么好处，丞相还是丞相。他有怨恨！他的长子李由是三川郡的郡守，就数那里造反得最凶。为什么？因为，李由跟那些反贼有串通，背后有李斯的支持。不过，我这也是听人说的，是不是真事还得调查一下才知道。

李斯这时才知道这是赵高给自己下的套，他想反击，告赵高有谋反之心，为时已晚。

很快，胡亥委派赵高查办李斯父子，李斯的家族、亲信、朋友全被抓了。然后，往死里打。说，是不是串通反贼了？最后，屈打成招。

李斯在狱中给胡亥上书，历数自己三十多年来为大秦帝国所做的贡献，希望胡亥能放自己一条生路。可是，他的这封上书，怎么可能会到胡亥手里呢。

最终，公元前208年，李斯父子被斩于市，夷三族。临行刑时，李斯对绑在一旁的儿子讲：

吾欲与若复牵黄犬俱出上蔡东门逐狡兔，岂可得乎？

（出自《史记·李斯列传》）

还记得你小时候，咱们在老家上蔡，虽然穷，但是，我经常带着你出了东城门，牵着老黄狗去野地里追兔子玩吗？那时多快乐啊！回不去了！

此番悲叹，千载有回声！

那么，这样的结局，李斯是否曾经想到过呢？想到过。此前有一次，他的长子李由回家。李由担任三川郡郡守，三川郡是中原大郡。李斯的其他几个儿子，官职也都不小，而且儿子们娶的都是公主，女儿们嫁的都是皇子，可见秦始皇跟李斯的关系不是一般地好。

大儿子休假，回家看自己，李斯当然高兴啊，摆下酒席，请朋友来家中小聚，一起高兴高兴。结果，满朝的官员听到消息，都来李斯府上祝贺捧场，府门前停的车马数以千计。在人声鼎沸、喧嚣热闹之中，李斯的心忽然一紧，我老师荀子说过一句话：

物禁大盛。

（出自《史记·李斯列传》）

凡事凡物不能太盛，物极必反，盛极必衰。真不知道哪天我就衰落了。

第五回　两句话就灭掉一个王朝

　　秦二世胡亥即位后，继续施行严刑峻法，整个国家都很紧张，就像一根紧绷着的弦，绷到一定程度就会断。农民起义爆发了，打响第一枪的是陈胜。

　　陈胜，名胜，字涉，出身底层，非常穷苦。贾谊的《过秦论》中讲：

　　然陈涉瓮牖绳枢之子，氓隶之人。

（出自贾谊《过秦论》）

　　"瓮牖绳枢"，是说他住的那个破房子，墙上随便掏个瓮口大小的窟窿就是窗户了，几块破木板拿绳子一穿就是门了。他以给别人家扛活为生，绝对是底层中的底层。然而，**人贵有志**。他相信，自己不会一辈子如此，终将有一天会出人头地。有一次，在地里干活，中间歇息时，跟干活的同伴闲聊，他说：

　　苟富贵，无相忘。

（出自《史记·陈涉世家》）

哪天咱们弟兄谁要是富贵了，可别忘了弟兄们。

同伴们都乐了：兄弟啊，你别做梦了，咱们只是一帮扛活的，还富贵呢？赶紧干活吧。

陈胜红了脸，心想：做人没有梦想，那跟咸鱼有什么区别？

我有梦想，有错吗？没错！

于是，陈胜感慨：

嗟乎，燕雀安知鸿鹄之志哉！

（出自《史记·陈涉世家》）

我有梦想没错，只是以他们的胸怀，根本没有办法理解，小麻雀怎么会懂得雄鹰的志向呢！

这样有志气的人总会比较突出，很容易从人群中被挑出来。公元前209年，当陈胜和900多穷乡亲被征调去边疆戍守时，他被选出来，成为一个小头目。另外一个小头目是吴广，他俩的关系很好。在他们上面还有正式的秦朝军官，是总负责。

这支队伍当时驻扎在泗川郡蕲县大泽乡，就是今天安徽省宿州市大泽乡镇，是原来楚国的地方，距楚国最后的国都寿春只有300里路程。他们要去的是渔阳郡，距离此地大概有两千里路程。当时是七月，盛夏，雨季，连日大雨，这支900多人的队伍滞留在大泽乡，一晃半个月过去了，肯定不能按期到达渔阳了。按照当时秦朝的律法，不能按期到达就是杀头之罪。怎么办？陈胜找吴广商议：继续去渔阳，误期得杀头；逃跑也不容易，抓着也得杀头；干脆反了吧，咱们光复楚国！

吴广赞同：好，干！

怎么干呢？陈胜提出一条大思路：要打出扶苏、项燕的旗号起义。扶苏是皇长子，理应继位，却被胡亥害死。咱们可以说，他根本没有死，只是隐姓埋名，藏在民间了，现在是咱们的领袖，要把皇位夺回来。项燕是与王翦对阵的楚军统帅，最终兵败自杀，在楚人中有崇高威望。咱也可以说，他也没有死，他现在也跟扶苏联合在一起，是咱们的领袖。

这叫什么？用三十六计的说法，这叫"借尸还魂"，借势，造势。

思路有了，然后怎么办呢？要占卜，这是老传统。古代两国开战之前，一般都要先占卜吉凶。这900多人中卧虎藏龙，所谓"高手在民间"，里面真有个占卜师，而且跟陈胜、吴广关系很好。占卜师提议：抬出扶苏、项燕造势，只是人助，还要抬出鬼神造势，得鬼神之助。

怎样用鬼神来造势呢？他们想了一个办法，在一块帛上写了三个红字：陈胜王。然后，将这块帛偷偷塞进鱼肚子里。伙房里做饭的师傅在做这条鱼时，发现了这块帛，大惊，以为是神启。

另外，他们还找了几个信任的人半夜装狐狸叫，叫声就像狐狸在喊："大楚兴，陈胜王。"

很快，神秘的传言在这支队伍中流传，陈胜有了神秘的威望。

接下来，还需要一个导火索引爆人们的情绪。他们便策划了一场苦情戏。这天，押送他们的秦朝军官喝醉了，吴广故意冒犯了他一下，这名军官大怒，抡起鞭子便抽，越打越来劲，打得吴广满地滚。旁边的人都看不下去了，想阻止，却不敢，都憋着气。这时，吴广翻身而起，夺了军官的剑，把这名军官给杀了。与此同时，陈胜也杀了另外两名军官。人们一见了血，眼睛都红了：杀得好！这些人平常不拿咱们当人，穷凶极恶，早该杀了他们！你们是好样的！

人们的情绪沸腾了。于是，陈胜、吴广振臂高呼：

王侯将相宁有种乎！

（出自《史记·陈涉世家》）

这是第二句话，这句话就像一道闪电，这一句诘问，击中了每个底层人民的心灵。凭什么？凭什么他们做王侯将相，锦衣玉食，可以操纵生杀大权，凭什么他们生来就可以这样，我们却生来就在泥土里？

这时的陈胜、吴广，虽然只是底层人民，但是有大的思路、有神奇的故事、有最富鼓动性的宣言，契合广泛的国民情绪和诉求，所以立即形成了巨大的势能，引爆了。在极短的时间里，900多人的队伍扩大到几万人，挥师西进，顺利打下了陈郡。在陈郡，陈胜被拥立为王，建国号张楚。

建国称王，这是一个战略性的大问题。对此，陈胜手下的两位高人张耳和陈馀反对：您先别急于称王，那样会显得您起义只是为了自己的野心。当务之急是抓紧举兵西进，表现出坚决推翻秦朝这个残暴政权的政治决心。同时，积极搜寻原来六国的王族子孙，恢复他们的王位，让他们领着各国的遗民，各自发展，一起起义反抗秦军。这样，对秦军来讲，"敌多则力分"，他们多一个敌人，就得分出一部分兵力对付；对咱们来讲，"与众则兵强"，多一支力量，就更强大一分。最终，等您打下了咸阳，再建国称王就是水到渠成的事情。

陈胜没有采纳这个建议。可能他对形势的估计过于乐观了，因为当时胡亥还没有真正反应过来，还犯着"花剌子模信使"的毛病，大将章邯还没有出军迎战。

接下来，陈胜坐镇陈郡，进行了一个全国的战略规划。他派吴广去打三川郡的荥阳城；派大将武臣与张耳、陈馀北上打原来赵国那一片；派大将周市去打原来魏国那一片；派大将周章带大军向西直逼咸阳。

这些兵马一旦朝哪边打过去，都是随机应变的。武臣、张耳、陈馀这一支继续向北打到燕国地界；周市这支打到了齐国地界。在这个过程中，起义军内部又产生了各种分裂，打着打着，人马越来越多，跟陈胜也经常联系不上，又没有什么制约，干脆都各自称王。

先是张耳、陈馀在邯郸拥立武臣为赵王。后来武臣被手下杀死，张耳、陈馀死里逃生，之后又拥立了一个赵国的王孙做赵王。武臣的手下韩广，在燕国地界称燕王。周市在魏国地界拥立原来的魏国公子魏咎为魏王。齐国这边，田儋自立为齐王。项梁、刘邦等也都乘势而起。总之，群雄逐鹿，天下大乱。

这时，秦朝政府开始全力以赴应对，主要带兵的大将是章邯。章邯一出咸阳，就先打散了周章这支起义军主力。继续东进，又打散了荥阳的吴广这支起义军。在此之前，吴广已经被自己的手下杀死。章邯继续南下，打陈郡，将陈胜的主力打败。

公元前209年十二月，陈胜被为自己驾车的"司机"杀死。这个时间点，我说得不规范。古代历法不是三言两语可以讲清，夏朝以正月为岁首，商朝以十二月为岁首，周朝以十一月为岁首，秦朝以十月为岁首，直到汉武帝时才又改回以正月为岁首。

也就是说，陈胜于公元前209年七月起义，五个月后的十二月，实际已是当时的下一年。按现在的历法推算，应当是公元前208年一月、二月间了。这里写作"公元前209年十二月"是为了方便呼应起义时间，避免误会。本书中讲到十月、十一月、十二月，全部以此方式处理。请务必注意这一点。

从陈胜起义到陈胜死亡，大致只有半年时间。他的生命像一道闪电，光芒万丈，却极其短暂。

对于陈胜的失败，史书认为，问题出在，陈胜未得人心。"司机"应当是他最亲信的手下，却对他下毒手，别人跟他的关系，也就可见一斑了。

据说，陈胜称王后，他的亲朋故友都来投奔他。有一个穷哥们儿，当年是跟陈胜一块儿扛活的，投奔到陈胜手下后，天天跟身边的人吹牛：当年陈王是跟我混的，他怎么要饭，怎么被地主打，我都知道。俗话说，揭底就怕老乡亲。陈胜的各种糗事都被他抖搂出来了。陈胜听到后，竟然把这个人给杀了。这让人们挺寒心的。陈胜平时对手下的管理，也是用法家手段，特别严厉，少恩寡情，慢慢便失了人心。

虽然陈胜大事未成身先死，但他点起的这把火已成燎原之势。陈胜死后，他的部下拥立景驹为王，继续打着张楚这面大旗。不久，项梁带着他的楚军，从南方打上来，跟景驹的这支军队遭遇。虽然两支军队都有共同的敌人，都是反秦，但是他们之间并不想联合起来。于是开打，景驹兵败，战死，整支军队被项梁收编了。

然后，项梁跟章邯开打，战死，楚军首领换成了宋义。项梁的侄子项羽，杀了宋义，夺得领导权，带领楚军破釜沉舟，巨鹿之战大败秦军。然后，又接连打败章邯多次。章邯战事力不从心，后院也起了火，朝廷大奸臣赵高摆出架势要收拾他。最终，章邯干脆向项羽投降。而此时，刘邦带的起义军已经打到了武关。

眼瞅着大秦帝国大势将去，秦二世胡亥坐立不安，瞅谁都不顺眼，动辄杀人。赵高琢磨：瞅这架势，不知哪天胡亥就得把气撒到我头上。干脆我先下手为强，发动政变，杀死胡亥。可是，朝臣们会不会抵制我呢？我这边弄死胡亥，他们那边再联手把我弄死。怎么办？不能贸然行事，我得找个机会先试探一下。

这天，胡亥跟几个大臣正在一起，赵高指着一只鹿说：皇上，这是我最近得到的一匹马，长相很奇特，我把它献给您。

胡亥：噢，不对吧，这分明是鹿。

赵高：怎么会是鹿呢？这就是一匹特殊品种的马。您让大家伙都说说，这是鹿还是马？

旁边的大臣们大多数都顺着赵高的意思说：这确实是马。

事后，凡说是鹿的，赵高全部想办法铲除掉。然后，便发动了政变，赵高让他的女婿阎乐带兵打进皇宫。

胡亥猝不及防，抵挡不住，打到最后，身边只剩下一个心腹的宦官。他问这个宦官：事情怎么到了这步田地呢？你们怎么都不早点儿提醒我？

宦官：我要早点儿告诉您，就活不到现在了。

胡亥又问政变的首领：阎乐，咱们商量一下，皇帝我不当了，只当一郡之王行不行？

阎乐：不行！

胡亥：只让我当个万户侯行不行？

阎乐：也不行！

胡亥：我只要自己的老婆孩子，当个平头老百姓行不行？

阎乐：还是不行。

最终，胡亥自杀。

胡亥死后，国不可一日无君，赵高想拥立子婴为秦朝的皇帝。

立二世之兄子公子婴为秦王。

（出自《史记·秦始皇本纪》）

子婴深知赵高的狼子野心，称病不出。你拥立我，我不去，谁来请我，我都不去。

赵高没办法，别人请不来，只好亲自去请。赵高一进子婴的府门，就被埋伏好的武士给杀了，然后被夷三族。

四十多天后，公元前207年十月的一天，子婴向刘邦投降。刘邦没有杀他，把他交给了稍后进咸阳的项羽，项羽杀了子婴，秦朝灭亡。

第六回　刘邦是个魅力男神

　　除了陈胜，推翻秦朝统治还需要另外两个关键人物——项羽和刘邦。他们的故事还要从秦始皇讲起。

　　秦始皇最后一次巡游天下，到了会稽山，围观群众里有叔侄二人，长得都高大威猛，气宇不凡，叔叔不过三四十岁，侄子不过二十二三岁，他们正是后世大名鼎鼎的项梁和项羽。

　　当时，项羽远远瞅着秦始皇的巡游车队，脱口而出：

　　彼可取而代也。

（出自《史记·项羽本纪》）

　　秦始皇可以被取代，他那位置咱也能坐坐。

　　吓得项梁伸手把项羽的嘴捂上：小兔崽子，你说这个，是灭门之罪。

　　项羽梗梗脖子，不说话，可还是不服气。

　　别看项梁嘴上这么说，可心里却对这个侄子暗竖大拇指：好小子，有志气，真是我们老项家的后代！

　　他们老项家确实了不得，世代都是楚国名将。陈胜起义打出项燕的

旗号，项燕是楚国最后的名将，跟王翦对阵，是楚国的中流砥柱。只可惜，天下大势非一人所能扭转，最终兵败自杀。项梁就是项燕的儿子，在国破家亡之际，他带着侄子项羽，一起逃到了会稽郡的治所吴中。

会稽郡本是楚国的界地，项家在此地有极高的威望，项梁又极富才华，很快便成为吴中的民间领袖。

项羽刚到吴中时还只是个十多岁的少年，不过，一看长相就不一般，壮实，十六七岁便能扛鼎，高大威猛。而且才气过人，十分聪明。人太聪明，心眼就多，学什么都不踏实，项梁教他读书、习剑，他都没兴趣：读书有什么用？能认点字、会签个名、日常所用就足够了。学剑，学得再好，能打几个人？没意思！要学，我就学万人敌——能打成千上万人的技能。

项梁挺高兴：有志气！那就教你兵法吧，将来带兵，可为万人敌。

可是，项羽还是不好好学，他不是那种能坐得住的人，生来就是打天下的人。只是，暂时还没有到打天下的时候，怎么办呢？没事他就拿当地的小伙伴们练手，在吴中打遍天下，是街头霸王，吴中子弟没有不怕他的。

公元前209年七月，陈胜在大泽乡起义，九月，消息传至会稽。会稽郡守想起兵响应陈胜。这位郡守虽然是秦朝的官员，但他能让项梁、项羽在他的地盘上生活，足见他非秦朝忠臣，有反秦的心思。他要起兵，得找豪杰做帮手，便把项梁找来：老项，我知道你早就憋着劲，现在机会来了。我打算请你和桓楚一起做我的将军，咱们一块儿起兵，打秦朝，怎么样？

桓楚是什么人？史书未做交代，应该也是当地的一位豪杰。

项梁一听，很高兴：太好了，大人深明大义。没问题，我干！可是桓楚这人行踪不定，不好找。

郡守：怎么办呢？

项梁：您别着急，我侄子项羽可能知道桓楚在哪儿。

郡守：好吧，有劳您把贤侄请来，让他帮忙寻找桓楚。

项梁回去找到项羽，冲着项羽耳语几句，叔侄俩便回来了。

郡守打量项羽，这小伙子太精神了，而且眼睛很有特点。《史记》讲，项羽是"重瞳子"，两个瞳孔，今天看来，这应该是一种畸形，古人不懂，以为神奇。神奇，自然得多瞅两眼。郡守只顾着打量项羽，不料项羽突然拔剑砍来，郡守当场被杀。然后，项羽连杀郡守府中数十人。项家叔侄俩一举控制了整个会稽郡。

那么，项梁为什么要让项羽杀郡守呢？他们能在吴中安身肯定得到了郡守的庇护，郡守要起兵反秦也跟他们的想法一致。为什么还要杀郡守呢？史书里没有交代。我理解是，项梁不想受制于人，不想上面还有一个郡守，旁边还有一个桓楚牵制，那样施展不开，可能有后患，索性下此狠手。**战争乃非常之事，不能以常理论**。

接下来，项梁组织了吴中八千子弟兵，从会稽出发，向西北，先是越过长江，又跨过淮河，到达下邳，进入中原。

项梁跟陈胜不一样，他是货真价实的项燕后人，用不着装神弄鬼制造声势，声势自然浩大，一路上，各路英雄豪杰，如陈婴、黥布等都带兵加入其麾下，整支队伍很快便壮大到六七万人。

下邳西边不远处就是彭城。此时，陈胜已死，景驹接掌王位，正在彭城。项梁攻下彭城，击毙景驹，将其兵马收编。

大概就在这时，刘邦带着兵马来投奔项梁。此时，刘邦手下已有五千多兵马，可是，仅凭他自己的力量仍然站不住脚，他的老家丰县正被别人占据，他也无可奈何。投奔项梁，为的就是抱大腿、借力、借势、借兵。项梁很欣赏刘邦，给了刘邦五千兵马，外加十员将领。一下

子，刘邦的实力大增，回去就把丰县夺了回来。

说刘邦的老家是丰县，沛县人民听了可能不高兴。丰县、沛县，现在都是江苏省徐州市下辖的县，都自称是刘邦故里。那么，刘邦的老家到底在哪里？《史记》是这么说的：

> 高祖，沛丰邑中阳里人。

（出自《史记·高祖本纪》）

高祖就是刘邦，沛、丰邑、中阳里，这是三级行政。沛，是沛郡（秦时为泗川郡，后改名沛郡），不是沛县；丰邑，是沛郡下属的丰县；中阳里，是丰县下属的一个村。

《史记》后面还提到，刘邦打下天下后，曾回到老家，跟父老乡亲们欢聚，当时说过一句话：

> 丰吾所生长，极不忘耳。

（出自《史记·高祖本纪》）

丰县是我生长的地方，永远不能忘记。

《汉书》里也讲，刘邦家的坟地都在丰县。总之，刘邦老家在丰县，这是肯定的。不过，刘邦成年后主要生活在沛县，他后来当亭长，带兵起义也都是在沛县。所以，说沛县是刘邦故里也没问题。

刘邦本来只是中阳里这个村子里的孩子。古代以五家为邻，五邻为里，中阳里最多不过几百人。就是这样一个小村里的孩子，祖上多少代都是做地的，最后竟然做了皇帝。

刘邦堪称一位"传说哥"。第一个传说是说他不是他爹的儿子。他爹，史称"刘太公"，只是一名老实的农民，怎么可能生出皇帝来呢？皇帝，必须是龙种。于是，传说，早年，刘太公和老婆一起种地，中间刘太公回家做饭去，他老婆（刘邦的妈妈）在地头睡着了，并做了个梦。

梦与神遇。

（出自《史记·高祖本纪》）

睡梦中与神仙相遇，她正做着梦，刘太公从家里回来了，天忽然黑了，雷电交加，远远地就见一条龙与他老婆待在一起。随后，刘邦的妈妈就怀上了龙种刘邦。

这种传说在古代一点儿也不新鲜。《史记》里，夏、商、周、秦的开国君主都有一个类似的、老套的传说，自然都是附会之语。

龙种刘邦长大成人后，果然有龙颜。

隆准而龙颜，美须髯。

（出自《史记·高祖本纪》）

隆准，高鼻梁；美须髯，大胡子，漂亮；龙颜，应当是瘦长脸有棱有角的吧。这三条加在一起，应当是很帅的，绝对是魅力男神。

要成为魅力男神，常靠以下三条。

一是颜值。刘邦的颜值没问题。

二是才情。刘邦有才情。他打下天下后，回老家，跟父老乡亲们一起欢聚，一边喝酒，一边听乐队演唱。什么乐队呢？刘邦亲自成立并培训了一支120人的乐队，并亲自指导乐队演出，亲自"击筑，自为歌诗"，自编自唱。唱什么？

大风起兮云飞扬，威加海内兮归故乡，安得猛士兮守四方！

（出自《史记·高祖本纪》）

这是什么感觉？这是与现代摇滚类似的感觉！

三是性格。得是那种**亦正亦邪的性格，才最有魅力**。正的方面，得有担当、包容、大度大气、能依靠；邪的方面，得有幽默感，有种放荡不羁的感觉，有种生猛粗野的感觉。这正邪两方面，刘邦都占全了。《史记》称他：

> 仁而爱人，喜施，意豁如也。

（出自《史记·高祖本纪》）

这是刘邦正的方面，厚道，乐善好施，能结交朋友，江湖上口碑不错。

邪的方面，怎么说呢？有三句话。第一句是：

> 常有大度，不事家人生产作业。

（出自《史记·高祖本纪》）

这句话有意思，后面要讲到的很多英雄豪杰，都是这个样子。刘邦不是那种老实本分的人，往贬义了讲，就是那种好高骛远的人。他的想法都很大，平常老百姓干的，如种地、做点儿小买卖等，他都瞧不上，不干。每天只是混社会，十天半个月不回家，哪天回家了，准是惹事了，弄得挺不招家人待见的。

有一次，他带几个兄弟回来，直奔大嫂家，想蹭顿饭吃。大嫂早被他吃烦了：哎呀，他三叔啊（刘邦行三），咱家今天没饭吃了，吃干锅了。一边说，一边在屋里拿勺子刮锅，嘎嘎嘎的，那意思刮点儿饭根子都费劲了。他的兄弟们一听，散了吧，回吧，扭头都走了。刘邦无可奈何，扭头也要走，又感觉不对，进屋一掀锅盖，还有半锅饭呢，一下子就气坏了，从此跟大嫂断交。

到后来，刘邦当了皇帝，他的侄子们都被他封王封侯，唯独不封大嫂家的那个侄子。亏着刘太公给说情，他才勉强同意给这个侄子封了个"羹颉侯"，"羹颉"大致就是饭没了的意思。由此事可见刘邦的脾气有多邪。

说他的邪，第二句是：

及壮，试为吏，为泗水亭长，廷中吏无所不狎侮。

（出自《史记·高祖本纪》）

及壮，就是壮年了，大概40岁时（《礼记》讲："四十曰强，而仕"），刘邦抓住机会，竟然考上了公务员，当了"泗水亭长"，类似副乡长。五家为邻，五邻为里，十里设为一亭。大致就是十个小村都归刘邦管。

这下子，刘邦大小也是个干部了，得端正严肃点儿吧！他没有，还是老一套，跟谁都没大没小，"廷中吏无所不狎侮"，不管是比他官大的，还是比他官小的，年长的，年少的，他逮着机会就跟人家开玩笑。"狎侮"不是欺负人的意思，大致就是不庄重、恶作剧、恶搞的意思。谁还都拿他没辙。

说他的邪，第三句是：

好酒及色。

（出自《史记·高祖本纪》）

小酒天天喝，有钱买酒喝，没钱赊酒喝，喝完就在酒馆里睡。欠的钱什么时候还呢？不用还。为啥？不是因为刘邦霸气，酒馆怕他，而是

因为两个原因：一是刘邦每次睡在酒馆里，酒馆老板娘都会看到有龙隐隐约约盘在屋顶，很神奇；二是只要刘邦来酒馆喝酒，当天酒馆的生意就会出奇好，财气旺盛，比平常多挣好几倍。

这也是刘邦的第二个传说，他给人一种神秘感。神秘感也是一种魅力。另外，《史记》中还讲，刘邦的左边大腿上有72颗黑痣，72是个神奇的数字，据说是赤帝之数。

第七回　刘邦的爱情与传说

刘邦如何好色？史书未交代，只是说，他的大儿子刘肥是外妇所生。

齐悼惠王刘肥者，高祖长庶男也。其母外妇也，曰曹氏。

（出自《史记·齐悼惠王世家》）

外妇，颜师古注解，"谓与旁通者"，即情妇之意，而按照今天的观念，解释为"女朋友"似乎更合适。因为，刘邦与曹氏在一起的时间，是与吕雉结婚之前。曹氏不要名分，也愿意为他生孩子，这使刘邦更符合我们想象中亦正亦邪的形象。刘邦得天下后，封刘肥为齐王。

食七十城，诸民能齐言者皆予齐王。

（出自《史记·齐悼惠王世家》）

能说齐地方言的70个城都封给了刘肥，这是相当偏爱的，仅次于嫡子刘盈。足以见得，刘邦对曹氏的感情之深。只是，史书关于"曹氏"再无记载，为何他们没有结婚，难以考证。这也正常，世间有情人终成眷属的又有几成？

　　刘邦与吕雉的姻缘始于一次宴会。当时，吕雉的父亲吕公到沛县避难，他跟沛县县令的关系很好。县令给吕公摆了欢迎宴，沛县有头有脸的人物都来赴宴捧场，都带着礼金。主吏掾萧何站在门口，管收礼金，称：

　　进不满千钱，坐之堂下。

（出自《史记·高祖本纪》）

　　谁给的钱多，谁坐上座。不够一千钱的，坐下座，坐不了主桌。

　　赴宴的人到了门口，这个说：我贺礼钱一千二！

　　萧何：好，掏钱，请上座。

　　那个说：我贺礼钱八百！

　　萧何：好，掏钱，委屈一下，请下座。

　　刘邦空着手到了门口，张口一嗓子：我贺礼钱一万！

　　萧何哭笑不得：刘季啊刘季（刘邦，字季），你就一点儿正经也没有。行了，知道你没钱，进去随便找地儿坐吧。

　　旁人都知道刘邦就这副德行，都被刘邦"狎侮"过，都不在意。可吕公是新来的，他一听，很惊讶：什么人这么大口气？出手这么大方，竟比旁人多出十多倍。

　　吕公立即起身相迎，只见刘邦"隆准而龙颜，美须髯"，头戴一顶高高的竹皮冠——这是刘邦自己设计发明的，一看就与别人的不一样，很招摇，神态旁若无人。吕公精通相术，不由得暗竖大拇指：此非常人！

　　刘邦大大咧咧地坐到上座，跟县令、吕公一桌，谈笑风生，酒量也大，腰里掖冲牌，逮谁跟谁来，谁也拒绝不了他。吕公觉得刘邦非常人，酒宴散后，立马把刘邦叫到一边，说：我相过的人多了，没人比你的面相更好，你千万不要小看了自己，日后你必将前途无量。你若不嫌弃，我想把闺女吕雉嫁给你。怎么样？

刘邦当然求之不得，作为一个有名的混子，年过四十，早过了正常谈婚论嫁的年纪，没人愿意把闺女嫁给他。而吕公是县长的座上宾，有地位，吕家的闺女又比他小十几岁。刘邦高兴坏了。

可是，吕雉的母亲不同意，把吕公给骂了一通：你个死老头子，你整天说咱闺女将来会嫁给贵人，沛县县令跟你关系这么好，跟你提亲，你都不答应。现在却要把闺女嫁给那个无赖？你脑子进水了吗？

吕公被骂烦了：

非儿女子所知也！

（出自《史记·高祖本纪》）

你懂什么。柴米油盐的小事可以听你的，这是大事，得听我的。

最终，刘邦抱得美人归，娶了吕雉，生了俩孩子，儿女双全。

吕雉是个贤妻，每天刘邦去泗水亭上班，她自己在家带孩子，还得种地干农活。赶上比较忙时，刘邦才请假回来，帮着她一起干。这天，刘邦回来，吕雉正带着两个孩子锄地，一见刘邦回来了，兴高采烈地说：刚才有个老头从这里经过，跟我要水喝，喝完水，给我们娘俩相面了，说我是天下贵人。

刘邦听了，也非常高兴：我也得让他给我相面，他走多长时间了？

吕雉：刚走，你快走两步，准能追上。

刘邦真追上了这个老头。老头端详了刘邦一番，微微一笑：

君相贵不可言。

（出自《史记·高祖本纪》）

您这个相貌太尊贵了，尊贵到什么程度呢？不能说，天机不可泄露。

不久后，刘邦接到一个任务，负责押送沛县的徒役去咸阳修骊山陵墓。那是累死人的活，谁都不愿意去，还没等出发，徒役们便开始逃跑。等他们出了沛县，又过了丰县，往西边走了没多远，人已经跑了一半了。这样到不了咸阳，人就得跑光，负责押送的刘邦必是死罪。怎么办呢？刘邦思来想去，最后牙一咬，心一横：不干了！

半夜里，他把剩下没跑的徒役也都给放了：你们各自逃命去吧，我也得远走高飞，咱们各奔前程吧。

哗！人都跑了。剩下十多个没跑，跟着刘邦：以后我们就跟您混了。

怎么混呢？

《史记》记载的很含蓄，写至此处，笔锋一转，说当时秦始皇之所以经常东游，是因为常听方士们说，"东南有天子气"，他东游是为了压这股天子气。

刘邦抬头看着天上的云彩，感觉那云彩很特殊：莫非这就是天子气？看来，不能在外面晃荡了，得藏起来。

隐于芒、砀山泽岩石之间。

（出自《史记·高祖本纪》）

藏于芒山、砀山的深山老林、湖泽草丛之间，很隐蔽。不过，每次吕雉要去找他，一找就能找到。为什么？因为刘邦藏的地方，上面的云彩不一样。这又是"传说哥"的一个传说。实际上，说白了，此时的刘邦带着十几个人当起了山大王。对比陈胜的揭竿而起，刘邦迈出的第一步，实在是太小了。

前期，刘邦跟陈胜很像，他俩都是异类，有野心、有志气。陈胜给人家扛活时，就想着"苟富贵，无相忘"，就感慨"燕雀安知鸿鹄之志"。刘邦则是"常有大度"，想法大。有一次，他到咸阳，看见秦始皇出行，便感慨：

嗟乎，大丈夫当如此也！

（出自《史记·高祖本纪》）

唉，大丈夫就应当这样！哪天我也得这样！

可是，真到了迈出第一步，真要跟秦朝政府对抗，刘邦就差远了。陈胜则是做了周密准备，喊一嗓子"王侯将相宁有种乎"，一下子就揭竿而起，起义了！就直奔着自己当皇帝去了。刘邦则只是落草为寇，苟且偷生，走一步看一步。

不过，刘邦也有优势，那就是他自带传说，用鬼神造势的能力似乎比陈胜强。就在刘邦把徒役们放走的当天夜里，还有一个传说。说他们十几个人在野地里赶路，有个人在前面探路，跑了回来，很惊慌：不好了……

刘邦吓了一跳，还以为前面有官兵呢，问：怎么回事？

探子：前面有条巨大的白蛇挡住了去路，咱过不去了。

刘邦烦了：你个胆小鬼，滚一边去，被一条蛇吓成这样。

于是，他们继续向前走，走到白蛇面前，刘邦也被吓了一跳。这大白蛇盘在道路中间仰着头，有半人高，瞪着他们。

刘邦当晚喝了不少酒，酒壮英雄胆，他骂骂咧咧：人要是倒霉，喝凉水也塞牙，蛇也想欺负我！

刘邦走上前，朝着蛇的脑袋抡剑就砍，那蛇还没反应过来，一下子就被刘邦砍断了。刘邦擦了擦血，继续赶路。

又走了十来里路，他们停下来休息。这时，原本各自逃散的徒役，也有陆陆续续追上来表示要追随刘邦的。他们说：刚才遇上了蹊跷事儿。这三更半夜的，竟然有个老太婆在路边哭。我们问她为啥哭？老太婆说，有人把她儿子给杀了。我们问她，谁杀了她儿子？老太婆说，她儿子是白帝之子，化身为蛇，在此现身，没想到正好遇上赤帝之子，就被赤帝之子给杀了。我们感觉这老太婆是个妖精或鬼魂，抢家伙打她。结果，嗖的一声，她就消失了。

刘邦听着，心中窃喜。不过，刚才砍蛇时跟在他旁边的人都感觉后背发麻，心说：刘邦不会就是赤帝之子吧，老实跟着混吧。

随后，"传说哥"的传说越传越邪乎，沛县、丰县一带的好多"不事生产作业"的小混混都来投奔刘邦。慢慢地，刘邦手下也有了百十来号人。

就在这时，陈胜起义的第一枪在大泽乡打响了。心理学上有个"破窗效应"，比如一个废弃的厂房，一面墙上有好多玻璃窗，一块破的都没有。挺长时间也不会有什么变化，一块破的都没有。可是，突然有一天，有个讨人嫌的，拿了块砖头一扔，砸碎一块。这下好了，过不了几天，顽皮的孩子们就得把这些窗户的玻璃都给砸烂了。陈胜起义也是这个效应，没人带头，谁也不敢；有了一个带头的，后面跟进的一下子都起义了。

诸郡县皆多杀其长吏以应陈涉。

（出自《史记·高祖本纪》）

怎么算"起义"？第一步当然是杀县令，杀掉秦朝政府在当地的官员，夺取当地的控制权。县令怎么办？有两条路：要么组织人员镇压，那得有实力；没有实力的，就像沛县县令这样的，干脆我也起义，顺应形势，我带头响应陈胜，反秦。可是，他又怕保守派，还是有很多人拥护秦朝的。怎么办呢？他便把手下两个得力的官吏叫来：一位是主吏掾，相当于现在的组织部部长，是管干部的，就是萧何；另一位是狱掾，是管刑狱司法、社会治安的，是曹参。萧何、曹参二人是沛县县令的左膀右臂。

县令说：二位弟兄，听说了吧，咱们泗川郡蕲县大泽乡的陈胜起义了，离咱这儿不过三百里地，马上就要打过来了。你们给本官出出主意吧，咱要是也起义，怎么办好呢？

萧何、曹参跟刘邦的关系都很好，便说：您要是起义、起兵，手底下得有能打的、不要命的人，那样才能镇得住。据说现在刘邦有百十来号人了，要是把他招到您手下，这就好办了。

县令挺高兴：就这么办，可是上哪儿找刘邦，他现在落草为寇，行踪不定。

萧何、曹参说：城西杀狗的樊哙跟他是连襟，樊哙准知道，让樊哙去找就行。

于是，樊哙去找刘邦。刘邦一听这情况很兴奋，立即带人回城了。

沛县县令听说刘邦真带着百十来号土匪来了，他害怕了，变卦了，心想：这是引狼入室啊，请了个阎王回来，我哪儿驾驭得了他。于是，沛县县令改变了主意，关上城门，把刘邦关在外面，对峙起来了。他知道萧何、曹参跟刘邦关系好，就想把这两人先抓起来。这两人怎么办呢？三十六计走为上计，翻城墙逃出，加入刘邦的队伍。

刘邦现在已经不是一般的土匪，俨然成了陈胜的代言人，甚至成了原来东方诸侯的代言人。他向城中射了几支绑有传单的箭，传单上写：城中父老，你们千万别上这个秦朝县令的贼船，咱们被秦朝压迫得还不够苦吗？现在各路诸侯都起义了，你们现在要是还保护着这个县令，诸

侯大军来了，就得屠城，谁也跑不了。你们最好的出路就是杀了县令，咱们跟着诸侯一起干。

随后，城里的人真就把县令杀了，把刘邦他们接到城里，要拥护刘邦做首领。刘邦还不愿意，推辞了一番：我能力不行，咱们让老萧干吧。

萧何：我干不了。

刘邦：那就让老曹干吧。

曹参也坚决不干。

这两人都有自己的小九九，这是造反，不是闹着玩的，一旦失败，挑头的肯定得诛九族。

最终，刘邦当了首领，人称"沛公"，占据了沛县、丰县一带。

第八回　刘邦崛起

刘邦乘陈胜起义之势，揭竿而起，杀了沛县县令，占据了老家沛县、丰县一带。沛县属泗川郡管辖，其郡守、郡监带兵来打刘邦，都被他击败了。开弓没有回头箭，刘邦亲自带兵出击，攻打城邑，派雍齿留守丰县。

当时反秦的各路诸侯之间也在混战，周市带兵打到丰县，雍齿竟然举城投降。刘邦大怒，带兵回来要夺回丰县，却吃了败仗。注意，这是刘邦第一次打败仗，以后他还会被打败无数次，简直就是个常败将军。

可就是这么一个常败将军，最后却做了皇帝。靠什么？靠坚持，屡败屡战，永不放弃！有句名言这样说：一个人可以被毁灭，但不能被打败。意思是：你有能耐打死我，打死我，我也不服！到刘邦这里，还得改一下：你只要不打死我，我早晚打死你！杀不死我的只会让我更强大！

刘邦这次在丰县被打败，怎么办呢？香港影片里经常有这样的情节：几个小混混被人打，边逃跑边喊：小子，你等着，我去喊我大哥。

刘邦也去喊他大哥。他有大哥吗？没有，可以现拜，他去找景驹，拜景驹做大哥。当时景驹算是起义军中的正头香主，正在留城，离丰县

不远。刘邦在去找景驹的路上，遇见了张良，立即引为知己。张良当时带着百十来号人，也想投奔景驹，发现刘邦更有潜力，干脆跟了刘邦。

然后，刘邦向景驹借了点兵，还没来得及回去打丰县，便跟章邯手下一支秦军遭遇。"战不利"，又吃了一次败仗。这次怎么办呢？跑，惹不起躲得起，东边不亮西边亮，打不过你，我找个好打的打去。于是，刘邦转战砀城，把砀城攻下，俘虏整编了几千兵马。然后，又打下了一座小城，实力又扩充了一些。

这时，项梁吞并了景驹的部队，驻扎在薛城。刘邦赶紧来抱项梁的大腿，他带着百十号骑兵拜见项梁。这得说，刘邦能认清形势，识时务者为俊杰，他要是不主动投奔项梁，肯定是死路一条，没被秦军打死，也得被项梁打死。刘邦是个有魅力的人，魅力说白了是一种吸引力、一种信任感，这种感觉是对所有人都适用的。而且，刘邦跟项梁也算是老乡。

《史记》讲：

项籍者，下相人也，字羽。

（出自《史记·项羽本纪》）

项家的祖籍是下相县，离沛县不远，只有三百来里，同饮泗水河河水，同样的口音。总之，项梁见到刘邦非常高兴，当即分给刘邦五千兵马：老刘啊，以后跟着我好好干吧！

刘邦：好嘞，您就放心吧！

这下，刘邦手下便有了上万兵马，又有项梁撑腰，实力大增，回去就把丰县夺了回来。

与此同时，项羽在战争中的表现也不同凡响。项羽当时正带兵打一场硬仗（打襄城）久攻不下，战况惨烈。最终，攻下襄城后，项羽便大开杀戒，屠城，"襄城无遗类，皆坑之"，全部活埋。

刘邦夺回丰县后，回到薛城，正式归于项梁麾下。项羽也打仗回来了。日后的两个死对头，此时经历了一段蜜月期，结成兄弟，经常协同作战。

正在这时，范增投到项梁麾下。当时范增已经70岁，有道是："人生七十古来稀"，这一辈子差不多快活完了。范增此前只是一个平头百姓，默默无闻，这时竟然也乘势而起，成为项梁和项羽最重要的谋士，青史留名。所以，你这辈子能不能影响历史，如果你还不到70岁，还真难有定论。

范增给项梁提出一个重要的战略建议：六国之中，楚国对秦国的恨最深，秦国一次次玩弄楚国，甚至劫持楚怀王，导致楚怀王最终客死秦国，此仇此恨，楚国百姓世代铭记，所以有个说法：

楚虽三户，亡秦必楚。

（出自《史记·项羽本纪》）

楚国人即便都战死，到最后只剩下三户人家，也一定战斗到底，要灭秦，要为楚怀王报仇，楚国人对楚怀王的感情就是这么深。所以，要找到楚怀王的后人，拥立其为王。这样，您是楚国名将的后人，保护着楚怀王的后人，就能更得民心，影响力更大，更容易成功。

项梁采纳了范增的建议，然后真就找到了楚怀王的孙子熊心。熊心当时正流落民间，给富人放羊。于是，项梁将熊心迎接回来，给其戴上王冠，熊心就成了新的楚王，也叫楚怀王。从王孙，到放羊，然后又成了王，然后又怎样？后面慢慢讲。

还说刘邦和项羽，他们并肩战斗，先后打了两场大仗。第一场，他们联手打下了城阳，并屠城。第二场，又联手打败了一支秦军，杀掉其

主将李由。**李由就是李斯的长子。**

项梁亲自带着主力，打得很顺利，打亢父，打东阿，数战数胜，渐有轻敌之色。他的手下有个叫宋义的参谋，原是楚国高官，提醒他：

战胜而将骄卒惰者败。

（出自《史记·项羽本纪》）

打了胜仗后，如果主将骄傲，士卒懈怠，再战必败。必须胜不骄，败不馁。

项梁却不以为然：老宋，没那么严重吧。我正要找你，你出趟差，到东边的起义军齐王那儿跑一趟，联络一下怎么一起对付秦军。

宋义见项梁不听，也没办法，奉命去找齐王，半路上，正好遇到齐王的使者过来联络项梁。他便劝这个使者：你慢点儿走吧，你要是走快了，非得跟项梁一起死了不可，他马上就得吃个大败仗。

结果，真被宋义说中了，章邯突袭项梁，在定陶将项梁击毙。一代豪杰，出师未捷身先死，非常可惜。这又是一个骄致败的案例。

然后，章邯也大意了。

章邯已破项梁军，则以为楚地兵不足忧。

（出自《史记·项羽本纪》）

章邯打下项梁的主力后，便以为黄河以南不足为患，渡河北上，去打邯郸的赵王，也就是张耳、陈馀保的那个赵王。章邯如果没有北上，在黄河以南再盯盯，可能就把项羽、刘邦都给收拾了，历史就被改写了。可是，历史没有"如果"，也没有"可能"。

项梁死后，他的军队的最高领导者是谁？是楚怀王熊心。别看他以前放羊，现在作为楚王，还是有很多楚国旧臣旧将追随与拥举的。熊心派宋义接替项梁做将军，史称"卿子冠军"。他为什么看重宋义呢？因为，齐王派来的使者给他吹了一通宋义多么料事如神，然后，找宋义一聊，立马就被忽悠住了。

然后，他们在彭城进行了全国的战略规划，决定兵分两路：一路主力军队，由宋义率领，北上救赵，打章邯，然后联络各路诸侯一起向西攻打咸阳；另一路军队，由某将率领，直接西进攻打咸阳。并且与各路诸侯约定：

先入定关中者王之。

（出自《史记·高祖本纪》）

谁先把咸阳打下来，占领关中，谁就获封关中王。

那么，是不是直接西进攻打咸阳的这一路明摆着会先入关呢？当然不是。咸阳作为秦朝国都、大秦帝国的根基，绝对是重兵防卫，直接去攻打，无异于以卵击石，是送死。所以，这一路军队由谁率领呢？谁都不敢上，除了两员将领：刘邦和项羽。

项羽要给叔叔项梁报仇，正窝着一腔烈火：我去！我去弄死那个皇帝老儿。

可是楚怀王手下这些老臣、老将组成的王室班底很持重，他们认为：不能让项羽去。为什么呢？因为项羽太残暴了，动不动就屠城，"诸所过无不残灭"。他要是带兵西进，所过城池势必军民一心拼死守卫，难有成效。对我们楚军的形象也不好。那么，让谁去呢？刘邦比较适合。刘邦仁厚年长，想事周全，让他"扶义而西"，可以展现出咱楚军的义军形象，可赢得民心，仗也就好打了。

最终，楚怀王派刘邦为主将打这一路。项羽则跟着宋义北上救赵。

刘邦当时只有万八千兵马，怎么能一路打到咸阳去呢？凭他的仁义

吗？刘邦从砀郡出发，向西北打昌邑，遇上了彭越。《史记》讲：

> 彭越者，昌邑人也，字仲。常渔巨野泽中，为群盗。
>
> （出自《史记·魏豹彭越列传》）

彭越是昌邑人，本是巨野泽的渔民。巨野泽是当时的大湖泊，后来的水泊梁山也在其范围内，到元代干涸。彭越由渔民变成水盗，一开始只是小打小闹，如样板戏所唱：想当初，老子的队伍才开张，总共才有十几个人和七八条枪。陈胜起义的消息传来，当地有百十个青年来投奔彭越：老彭，咱们也反秦吧，大干一场，你当首领，如何？

彭越：不干，你们哪儿来的回哪儿去吧。我这小水盗干得挺舒服，不冒这么大风险。

这帮人不干：弟兄们都服你，你必须得挑这个头，你不答应，我们就不走了。

彭越：你们要是非让我当头也行，得答应我一个条件。

青年：没问题，说吧。

彭越：要反秦，那不是闹着玩的，那是跟正规军打仗，咱们必须军纪严明。明白吗？

青年：明白，放心吧，你说什么我们听什么。

彭越：好，那这样，明天早晨日出时分在此集合，迟到者斩！

青年：没问题，就这么定了，明天见。

然后，这些人回家，收拾行李，第二天，早早就来了，依次签到。眼看着太阳出来了，约定时间已过，还有十多个人没到。只好等着，等到中午，人终于到齐了。彭越一直不动声色，最后看人齐了，开口道：昨日约定，日出集合，迟到者斩。今天迟到了十多个人，就别都斩了，就把最后到的这位兄弟斩了吧。

大家都乐了：还玩真的啊，不至于吧，下不为例还不行吗？

彭越把眼一瞪，身边几个亲信小弟上去就把最后到的那小子斩了。然后，以人头祭天。这些小青年们都吓傻了。

随后，这支队伍便组建起来了，因为军纪严明，一出手便战斗力极强。这也使日后彭越成为跟韩信一个级别的顶级统帅。不过，这会儿还是刚起步，只有千来号人，帮着刘邦打昌邑，没打下来。虽然这次的合作不算成功，但彭越也被刘邦的魅力折服，为以后的合作打下了基础。

刘邦见昌邑打不下来，干脆绕过昌邑，继续西进，经过高阳，遇上了郦食其。这次相遇，对刘邦成功入关打下咸阳，至关重要。郦食其是怎样一个人呢？《史记》讲：

郦生食其者，陈留高阳人也。好读书，家贫落魄，无以为衣食业，为里监门吏。然县中贤豪不敢役，县中皆谓之狂生。

（出自《史记·郦生陆贾列传》）

郦食其是陈留县高阳乡人，是个儒生，喜欢读书，没什么挣钱的营生，只当了个监门吏，就是在村里看门，衣食都成问题。可就是这么个人，县里再厉害的人，不管文的武的，谁对他都恭恭敬敬的。已经六十多岁，人皆称其为"狂生"。

他跟刘邦的见面，《史记》讲了两个版本。

第一个版本说，郦食其有个同乡是刘邦的侍卫官，他找到这个侍卫官：兄弟，我听说沛公能成大事，麻烦你给引荐一下吧。

侍卫官一皱眉：郦先生，这事够呛，我们沛公最讨厌你们这些儒生、读书人。你们都戴着儒冠，他最烦这个，凡是戴着儒冠投奔他的，他都把人家那儒冠摘下来，往里撒一泡尿。还有，他说话也不文明，逮谁骂谁，我怕您受不了。

郦食其：没事，你就告诉他，我这个儒生不是一般的儒生，人们都说我是个"狂生"，是神经病，可是我感觉自己挺正常的。

于是，这个侍卫官本着这个意思，向刘邦禀报了这件事。刘邦没什么感觉：见就见吧。

郦食其进来一看，刘邦正在洗脚，对郦食其不搭理。

郦食其干脆也不行礼，劈头便问：沛公，你还想不想打咸阳？

刘邦一听就烦了：你个老书呆子，怎么个意思？

郦食其也把脸拉下来：你要真想有大作为，"不宜倨见长者"！你对长者这么傲慢，怎么能留得住高人，得到高人的帮助呢？

刘邦大悦：好！有个性，说明这人有本事。

然后，刘邦脚也不洗了，规规矩矩地请郦食其上座：老先生，请多赐教。

第二个版本说，郦食其直接找上门，求见刘邦。守门士兵进去通报说：门口有个人求见，看他的穿衣戴帽像个儒生。刘邦不耐烦：行了，我正研究天下大事呢，没空搭理什么儒生，不见！

守门士兵传话回复。郦食其大怒，挽袖撩衣，亮出佩剑：你滚回去告诉刘邦，我乃高阳酒徒！不是什么儒生。

守门士兵吓了一跳：这老头疯了吗？看样子，要跟我拼命。

守门士兵又赶紧进去通报。这一次，刘邦立即接见。

高阳酒徒，什么感觉？性情中人，刘邦也是性情中人，臭味相投的感觉。见面后，郦食其进言：沛公啊，您现在只有这万八千人，而且都是些散兵游勇拼凑起来的，这就是"攒鸡毛凑掸子"，就想去打咸阳吗？这只能是肉包子打狗，是小绵羊往老虎嘴里闯啊。

刘邦：您看怎么办？

郦食其提出一条重要建议：您必须打下陈留。陈留是"天下之冲，四通五达之郊也"，是交通枢纽，军事重镇，城内有大量粮草，只要把陈留打下来，粮草物资便没有问题了，还可以在这里招兵买马，扩充军队。

刘邦不住地点头，可是心想：前面昌邑那小地方，我都打不下来，陈留怎么打呀？

郦食其就像能看到刘邦心里似的，说：打陈留，您别为难，我有办法。我跟陈留县县令关系不错，我去找他，争取把他劝降。如果，劝降不成功，我再想办法给您做内应，与您里应外合，准能打下来。

刘邦心花怒放：太好了，有劳先生了！

随后，郦食其进了陈留城，找到县令，游说一番：秦国无道，举国叛之，您赶紧顺应大势吧，也反秦，跟刘邦混得了。

县令摇头：打住，您别说了，让我反秦，那是不可能的。您来趟也不容易，晚上咱们好好喝一顿，在这儿住一宿吧，这事别提了。

郦食其：好吧。

晚上，俩人喝完酒，郦食其住在县令府内。当天夜里，他潜入县令房间将其人头砍下，装进袋子，逃出城外。

天一亮，刘邦派人拿着竹竿挑着县令的人头，朝陈留城内喊话：你们快看看吧，陈留县县令的人头在此，都赶紧投降吧，谁投降得晚，也是这个下场。

经过刘邦这么一吓唬，城里面又是群龙无首，真就投降了。

刘邦的实力在陈留一下子就增强了，兵强、马壮、粮多，打咸阳的信心更足了。

第九回　刘邦和项羽联手灭秦

《史记》讲：

沛公舍陈留南城门上，因其库兵，食积粟，留出入三月，从兵以万数，遂入破秦。

（出自《史记·郦生陆贾列传》）

刘邦在陈留待了三个月，用陈留城内的粮食、兵器等物资装备军队，一下子扩充到了几万兵马，从而有了入关打咸阳的本钱。

接下来，刘邦继续往西南打。

南攻颍阳，屠之。

（出自《史记·高祖本纪》）

打颍阳，打下来后屠城。之后，突然又折向西北方向，打平阴，为的是堵住司马卬的起义军。司马卬想从黄河北岸渡过来，平阴有渡口。司马卬渡过来后，也想去打咸阳，跟刘邦争入咸阳的机会。刘邦打下平阴后，封掉渡口，司马卬就过不来了。

接下来，就要进入关中，当时进入关中仅有两条路线，都在黄河南面。一条是沿黄河南岸，从洛阳，过渑池，经函谷关进入关中。之前，周文就是走这条路线。后来，项羽也是走这条路线。这条路线最顺。刘邦也想走这条路线，所以打完平阴，便打洛阳，可洛阳是秦朝重镇，打不下来，只好走另一条路线。另一条路线比较绕远，得先往南去攻打南阳郡，再攻打武关。

刘邦一进入南阳郡地界，便将迎战的南阳太守击败。南阳太守逃到当时的保治所宛城。刘邦继续西进，奔武关。途中，张良把刘邦叫住：沛公，别走了，您只急着打武关不行，武关有秦军重兵防守，不是两三天就能打下来的。如果南阳太守带着宛城兵马抄咱们的后路，把咱们卡在中间，那可就危险了。

刘邦立即调整部署，抄小路绕回宛城，把宛城包围得水泄不通。

南阳太守一看这形势，守也守不住，跑也跑不了，情急之下就要抹脖子自尽。这时，被手下陈恢一把拉住：您别急，咱们还有办法。我争取让您继续当太守，老百姓也能得以保全。您先等着，我去说服刘邦，说服不了，您再死。

陈恢出城游说刘邦：沛公啊，我听说，先入定关中者王之。可是，像您这么打，见一个城，打一个城，太耽误时间了，而且会造成很多将士伤亡。您可以换种思路，用招降的办法。比如我们宛城，您只要答应宛城投降后，太守还是太守，官吏还是官吏，对老百姓也不伤害，那宛城立马就能打开城门欢迎您，粮草物资也都献给您。然后，您把这种"宛城模式"一推广，八个咸阳您也能打下来。

刘邦大悦：好，照办！

于是，那个南阳太守不但太守还是太守，官吏还是官吏，而且还被封侯封地，比秦朝时的待遇好得多。

接下来，一下子就顺了。《史记》讲：

引兵西，无不下者。

（出自《史记·高祖本纪》）

打到哪儿，哪儿就开城门欢迎，很快便打到了武关。

这也说明，楚怀王手下的那些老臣旧将们还是有远见的，刘邦会用仁义，能"扶义而西"，打得就比较顺利。正如孟子曰：

仁者无敌。

（出自《孟子·梁惠王上》）

用现在的说法，这叫"南风效应"，跟屠城是完全不同的两种思维。

刘邦打得这么顺利，其实也是沾了项羽的光。

项羽跟着宋义一起北上救赵。当时，张耳、陈馀拥护着赵王正被围困在巨鹿城。负责包围巨鹿城的秦军大将是王离，章邯在南边的邯郸给王离供给粮草物资，做后方支持，同时防备南边的楚军。

王离就是王翦之孙，王贲之子，所谓"将门出将"，很多人都认为王离打巨鹿城必定手到擒来。不过，也有人不以为然。有种说法：

夫为将三世者必败。

（出自《史记·白起王翦列传》）

到王离这一代已经是第三世了，前面两世杀人太多，报应就得报在王离身上。

到底怎么样呢，人们拭目以待。

眼瞅着巨鹿城危在旦夕，王离即将破城。宋义带着救兵却不着急，他在邯郸南边的安阳扎下大营，隔着漳河，他不渡河了，也不进兵了，一待就是一个多月。

作为副将的项羽很着急：宋将军，你还等什么啊，巨鹿城里的赵军马上就要坚持不住了，咱们要是现在抓紧渡河，跟赵军里应外合，两面夹击围城的秦军，还有胜算。否则就全完了。你可急死我了！

宋义笑了：项将军，别着急，咱们先坐山观虎斗，最后如果秦军取胜，必定也会元气大伤，咱们再打秦军就容易了。如果秦军败了，咱们直接挥师西进，争取率先入关。论冲锋陷阵，我不如你；论战略谋略，你还差一些。听我的吧。

项羽还想争辩，宋义把脸一沉：行了，就这么定了！没事歇着去吧。

宋义官大一级压死人，项羽没办法。

随后，宋义还下了一道军令，专门又强调了一遍：

强不可使者，皆斩之。

（出自《史记·项羽本纪》）

凡是倔强固执，不服从军令的，一律斩首！

这说谁呢？明显就是针对项羽。项羽气得够呛，强忍着。

一天，宋义举行酒会，给他儿子送行。他儿子要去齐王手下做丞相，这应当是一种诸侯之间的联盟形式。这个酒会，宋义办得很铺张浪费，将士们都很不满。因为当时已经入冬，天气很冷，士兵们都缺衣少食。

于是，项羽爆发了，一天早上，他进入宋义大帐，抬手就把宋义的人头砍下，拎在手中出帐宣称：宋义串通齐王，要反楚，我受楚王密令，将其就地正法！

楚军本都是项梁旧部，宋义又遭恨，将士们立即表态：杀得好！我

们都拥护项将军！

于是，项羽正式成为楚军统帅。这是公元前208年十一月，项羽多大年龄呢？24岁！紧接着他便一战成名，率领楚军渡过漳河，破釜沉舟，把做饭的锅都砸了，渡河的船也都凿沉了，只带着三天的口粮，杀！只打三天，打不赢秦军，咱们也都别活了。正所谓"陷之死地而后生"，这数万楚军都拼命了，无不以一当十，对阵秦军九战九胜，最终，俘虏了王离。章邯也带兵败退。

一下子，项羽威震诸侯。当时，起义的各路诸侯都带兵来救巨鹿，可是没人敢上前，都"作壁上观"。他们都站在军营壁垒上，远远看着项羽在这边打，都被楚军给吓住了：这哪是人，这是天兵天将，太勇猛了！

解了巨鹿之围后，诸侯们过来拜见项羽，一进营门就都给项羽跪下了。

无不膝行而前，莫敢仰视。

（出自《史记·项羽本纪》）

诸侯们跪着爬着到项羽面前，都不敢仰脸看项羽。这是天神、魔王啊，都服了。

从此，项羽成为"诸侯上将军"，是所有反秦诸侯的盟主。

接下来，项羽再打章邯，章邯连战连败。前方，章邯在战场上处境艰难；后方，秦二世对他日益不满，赵高还憋着劲要算计他。最终，章邯带着二十多万秦军主力，向项羽投降！

这是一场巨大的胜利，也是一个巨大的危机。因为投降的秦军跟楚军及各路起义军本是冤家对头，积怨太深，水火难容。投降的秦军规模巨大，随时可能失控。项羽怎么办呢？坑杀之！

跟长平之战后白起对付投降赵军的方法一样。

于是楚军夜击坑秦卒二十余万人新安城南。

（出自《史记·项羽本纪》）

有史料说，项羽当时派这二十多万秦军在洛阳西边的新安城城南挖一个大坑，半夜挖到一人多深时，就把秦军都推到坑里给活埋了。据说，现在还能找到遗址。

这里有两个问题。一个问题是，当年的秦朝军队，一统六国，然后又打匈奴，又打南蛮百越，何其勇猛善战，只过了十多年，怎么就这么不禁打了呢？

我个人认为，一是因为暮气，曾国藩打下太平天国后，立即裁撤湘军，他认为湘军"暮气已深"，劲头过去了，打不动了，后面的战事只能依靠李鸿章新起的淮军。二是因为兵役制度的缺陷，钱穆先生说，先秦时，各诸侯国的国民服兵役，从家到服役地都不太远。而按照秦朝的制度，从家到服役地太远，如陈胜从大泽乡到渔阳近两千里，距离成为巨大负担，战斗力自然减弱。总之，此一时，彼一时，当年强大的秦军已经不那么强大了。

另一个问题是，如果项羽能用好这二十多万秦军，刘邦肯定不会有半点儿机会。

项羽坑杀秦军后，继续西进，奔关中。而这时，刘邦早已进入关中了。

项羽坑杀秦军，是在公元前206年十一月。刘邦九月就已经进入关中了。他绝对是沾了项羽的光，项羽不但牵制住了秦军主力，还把整个秦军的士气都打没了。当刘邦打到武关时，武关的秦军守将已经没心思效忠秦朝了。刘邦派人来劝降，这位守将立即答应：没问题，欢迎沛公

进入关中！

可张良认为这事还是不牢靠：沛公啊，只有守关的主将答应还不行，其他将领不可能全都这么想，咱们不能贸然进入关中。

不如因其懈怠击之。

（出自《资治通鉴·秦纪三》）

趁着对方的防守意识松懈，发动突袭，直接灭了他们。

刘邦照办，一举攻下武关，进入关中。

此时，秦军已经没有阻击的能力了。进入关中后，刘邦军纪严明，秋毫不犯。

诸所过毋得掠卤，秦人憙，秦军解。

（出自《史记·高祖本纪》）

刘邦的"扶义而西"表现得太好了，深得民心。所谓，得民心者，得天下。他这一手，为他以后以关中为后方，去跟项羽争天下打下了一个非常好的基础。

公元前207年十月，刘邦大军驻扎于霸上。

霸上是咸阳的东大门。于是，刚刚杀了赵高，当了四十多天秦王的子婴出城投降，秦朝正式灭亡！从公元前221年建立，到公元前207年灭亡，秦朝只存在了14年，其中秦始皇在位11年，他死后3年，秦朝就灭亡了。为什么秦朝这么快就灭亡了呢？后人对这个问题会不断进行反思和讨论。

刘邦怎样处置子婴呢？很多人建议：干脆杀了，解天下人这口恶气。刘邦不以为然：杀降不祥。先关起来吧。

接下来，刘邦带军队进入咸阳。《史记》讲：

诸将皆争走金帛财物之府分之，何独先入收秦丞相御史律令图书藏之。

（出自《史记·萧相国世家》）

刘邦手下的兵将们立即把咸阳城内各个官府的金银财宝抢劫一空，唯独萧何没有去抢金银财宝，他在抢什么呢？抢丞相府、御史府的"律令图书"，就是秦朝的各种公文档案资料。有了这些资料，就可以详细了解天下各地的财力、兵力、物资、人口、山川形势、工程关隘等各种情况，对于下一步帮助刘邦争霸天下，具有重要意义。可见萧何的胸怀之大、见识之广。

第十回　先秦最后的刺客

刘邦入关占领咸阳后，手下的兵将们大肆抢劫，但有一个地方没人敢动，哪里？秦朝皇宫。这是刘邦的，坐地分赃，他得拿大头。秦朝皇宫，那是上百年的积累，全天下的奇珍异宝都在这里，而且还有：

美人妇女以千数。

（出自《史记集解》）

刘邦这下什么也不想干了，只想在这个皇宫里享受人生。

手下有几个人提醒他别乐极生悲，还得保持危机意识，他根本听不进去。他的连襟樊哙是个粗人，跟他说话也放肆，急了：

沛公欲有天下邪？将欲为富家翁邪？

（出自《史记集解》）

沛公啊，你是想得天下，还是想抱着这些财宝做个富家翁？我告诉你，皇帝死就死在这个皇宫里，咱们还是赶紧回霸上吧。

刘邦大怒，一瞪眼：你懂什么！一边玩去吧！

这时，张良也进来了：沛公啊，樊哙说得不错。

忠言逆耳利于行，毒药苦口利于病。

（出自《史记·留侯世家》）

您得听从樊哙的这番忠言。

刘邦对张良非常尊重，言听计从：子房，你这真是难为我。好吧，等会儿，马上就走。

最后，刘邦依依不舍地离开了秦朝皇宫，退出咸阳，还军霸上。这一点，很不简单，《易经》里的艮卦就是讲这个问题：在任何情况下，要是能管住自己，控制住自己的欲望，让它服从自己的理智，这就是大人物。

刘邦还军霸上，但咸阳城内还得有人管理，怎么管呢？秦朝的法律不能用了，就是因为秦朝的法律不好，天下才会大乱。而新法，周密严谨的新法，也不是一时半会儿能制定出来的。于是，他们发布了一个绿色极简版的新法：

与父老约，法三章耳：杀人者死，伤人及盗抵罪。

（出自《资治通鉴·汉纪一》）

新法就三条：不能杀人，不能伤人，不能偷盗。别的，暂时都不管。

老百姓们一下子就解放了！从秦朝压得人喘不过气的严刑重法之下解放了出来，民心大悦，都主动地给刘邦的军队送来牛羊酒食，犒劳三军。

刘邦又展现出他的仁义：老百姓的东西一概不要，"不欲费民"，不想让老百姓破费。此前兵将们抢东西也都是抢当官的人的东西，不祸害老百姓，我们爱民。

这些做法使关中老百姓都盼着快给刘邦封关中王，有这样的王，就有福了。

就在这时，项羽打上门来了。

刘邦为什么要还军霸上，不住在皇宫里呢？就是因为，他现在还当不了皇帝，他上面还有项羽，项羽是诸侯盟主，项羽上面还有楚怀王。刘邦说到底，当时还只是个将领而已，是个打工的。而且刘邦的实力也比较弱，他得听人家招呼，人家让你怎么着，你才能怎么着。

不过，刘邦不甘心，还是想搏一把。他在函谷关设上重兵防守，函谷关作为关中门户，地势险要，一夫当关万夫莫开。他想把项羽拒之关外。

项羽大怒：什么？刘邦竟然把住关口，不让我入关！反了他了！黥布，带一支兵马上去，打下函谷关。

黥布是天下数一数二的猛将，上去就把函谷关打了下来。

然后，项羽带大军入关，在鸿门安营扎寨。于是，著名的鸿门宴大戏拉开序幕。

当时，项羽在鸿门，刘邦在霸上。连接鸿门和霸上的是一条直道，类似今天的高速公路，大概四十里，骑马走，不过需要一小时。项羽手下兵马四十万，号称百万；刘邦手下兵马十万，号称二十万。一旦开打，大致相当于两个大力士一起揍你，而且没人拦着，揍死活该的那种。

不过，项羽没打算打刘邦。因为他跟刘邦曾经并肩战斗，又结为兄弟，英雄爱好汉，刘邦的魅力也深得他欣赏。而且，刘邦也没什么罪过，至于在函谷关设防，刘邦已经派人跟他解释过了，说是防止别的诸侯入关搅局，并非针对项羽。所以，项羽没理由打刘邦。再有，刘邦跟宋义不一样，宋义没有什么根基，砍了就砍了。但刘邦手下有十万大军，真要打刘邦、杀刘邦，未必好收拾。

可是，不怕没好事，就怕没好人。刘邦手下有个叫曹无伤的，想抱项羽的大腿，暗中找到项羽说：刘邦把咸阳城的金银财宝都自己揣怀里了，现在正打算当关中王，您不对他下手，他肯定会对您下手。

范增也极力主张杀刘邦：刘邦以贪财好色著称，如今进了咸阳，反而如此收敛克制，财色都不贪了。说明什么？只能说明他有更大的野心。我让望气的人望过他的气，"皆为龙虎，成五采，此天子气也"，这家伙有天子气，必须赶紧拿下他，机不可失啊。

范增被项羽尊为"亚父"，他的话非常有分量。前面项羽干的那些大事，如坑杀二十多万投降的秦军，很可能都是范增的主意，他绝对是个狠角色。

总之，虽然项羽本来没想杀刘邦，但还是拉开了一个要打刘邦的架势。

这天夜里，项羽的叔叔项伯，偷偷跑到刘邦大营找到张良：子房兄，你快逃吧，项王马上就要打刘邦，一旦打起来，刘邦这边就得玉石俱焚，覆巢之下岂有完卵啊！

张良很感激：谢谢老项，我不能逃，沛公有恩于我，现在他有难，我不能甩手不管。咱们一起想想办法吧。这也不单是帮沛公，真要是避免这一仗，那得少死多少人啊。老项，你在这儿等我一会儿，我去找沛公。

张良找到刘邦，把这情况一说，刘邦很紧张：子房，怎么办呢？真要开打，咱们肯定是死路一条。怎么办呢？

张良：既然咱们打不赢，就得认尿、服软，眼下也没有什么好办法。您先跟项伯好好说说吧，让他帮着跟项羽求情。他是项羽的叔叔，说话还是有用的。

刘邦：那您跟项伯是什么关系？

张良：我救过项伯的命。当年，他杀人亡命，被官府通缉，是我收留了他，他才逃过一死。他今天来找我，是想报这个恩。

刘邦：好，这不是一般关系，这人可以信任。

然后，《史记》这样写的：

沛公曰："孰与君少长？"良曰："长于臣。"沛公曰："君为我呼入，吾得兄事之。"

（出自《史记·项羽本纪》）

这段原文涉及一个考据问题，就是张良的出生日期问题。

刘邦：你与项伯谁年长？

张良：项伯比我大。

刘邦：好！快把他请进来，我得拿兄长之礼接待他。

项伯比张良年长，刘邦便直接以项伯为兄。说明张良比刘邦年长。

这里，需要交代一下张良的情况。在刘邦的高层核心团队中，张良的出身很特殊，其他人，如萧何、曹参、樊哙、陈平、韩信、彭越、黥布等，不论文武，不论先来后到，都是出身底层，唯有张良是贵族。他的父祖辈从韩昭侯时期便任丞相，辅佐了五任韩王，在韩国的地位，除了王室，就属他们家高。

这也说明，韩国王室对张家的信任和张家对韩国王室的忠诚，他们之间的利益高度一致。公元前230年，秦国灭了韩国，那一年刘邦26岁，张良是二十六七岁，他逃到别的诸侯国，散尽家财，招揽刺客，要刺杀秦王，要报国恨家仇。

前文提到，秦始皇东游至博浪沙，差点儿被一个从天而降的大铁锤砸中。那次刺杀就是张良策划的。张良找到一个大力士，一起站在博浪沙的一座小山上，等秦始皇的车队从山下经过，便把120斤的大铁锤抡起，瞄准，放！可惜没砸中。

张良竟然成功逃脱了。扔大铁锤，不可能离得太远，他却能安然脱身，足以见得张良做事之周密。

如今博浪沙这个地方根本没山，是平原。怎么回事呢？所谓，沧海变桑田。秦朝时的那个小山丘，经过两千多年的黄河泥沙淤积，已经看不到了。

张良随后隐姓埋名，藏身下邳，过着隐居生活。有一天，他在外面闲逛。《史记》中这样写：

良尝闲从容步游下邳圯上。

（出自《史记·留侯世家》）

《史记集解》讲：圯，桥也，东楚谓之圯。意思就是，张良在下邳的桥上闲逛。迎面走来一个老头，穿得破破烂烂的，走到张良面前，一撩腿，嗖，把鞋踢了出去，掉到了桥下。

张良一愣，心想：这老头是不是神经病啊？

老头说话了：小伙子，你下去把鞋给我捡上来。

良鄂然，欲殴之。

（出自《史记·留侯世家》）

张良心情正差，差点儿火了，心想：这老头是来碰瓷、找碴儿的吗？我揍死你……不行，我要冷静，这老头看着挺面善，而且一大把年纪了，我身上又背着案子，多一事不如少一事，忍一忍吧，就当玩了。

于是，张良转身，到桥下帮老头把鞋捡了上来。

老头笑了，把脚往前一伸：来，给我穿上。

张良鼻子差点儿气歪了，心说：好啊，你这是得寸进尺。我成全你，反正已经做了好事，干脆一做到底。

张良"长跪履之"，跪在地上，恭恭敬敬地帮老头把鞋穿好。

老头很开心，鞋穿上了，一个"谢"字也没有讲，什么话都没有说，高高兴兴地走了。

> 良殊大惊，随目之。

（出自《史记·留侯世家》）

张良傻了，不知道怎么回事，莫名其妙：噢，这就完了，这叫哪门子事嘛？！

他瞅着老头越走越远，脑子里捋不清了。忽然，老头转回身，又回来了，走到张良跟前，笑眯眯地对张良说：

> 孺子可教矣。后五日平明，与我会此。

（出自《史记·留侯世家》）

你这小伙子不错，是可教之才。五天后，天亮时分，咱们还在这个地方见面。

此时，张良对这个老头充满了好奇，对方完全不按常理出牌，一定不是一般人，立即答应了。

五天后，天刚亮，张良便赶到桥头，而老头已经在这儿等着了。一见张良，老头烦了，扭头便走：跟老人约定事情，怎么能让老人等你呢？

> 后五日早会。

（出自《史记·留侯世家》）

再过五天，早点儿来。

这一次，鸡刚叫，天还黑着，张良就来了。结果，老头又在这儿等着，又烦了，扭头就走，还是那句话：

后五日复早来。

（出自《史记·留侯世家》）

这一次，张良较上劲了，还在前半夜，他就去了。这一次，老头没先到。不过，他刚站稳，老头也到了。老头很高兴：好小子，就得这样。

然后，老头送给张良一本书，说：

读此则为王者师矣。

（出自《史记·留侯世家》）

你好好读这本书，将来就可以做帝王之师。十年后，你会用上它，它会成就你。十三年后，你会在谷城山下见到一块黄色的石头，那就是我。

老头说完，转身便走，消失在茫茫夜色中。

这本书就是历史上著名的兵书《太公兵法》。此后十年，张良潜心研读揣摩，他的心智谋略逐渐达到了极高的水平，完成了从热血青年刺客向顶级军事谋略家的转变。十年后，陈胜、吴广起义，张良带了百十来人本想去投景驹，途中遇上了刘邦，一见如故。张良对《太公兵法》的领悟，对谁讲都理解不了，唯独刘邦一听就明白，一用就管用。张良感叹：

沛公殆天授！

（出自《史记·留侯世家》）

从此，两人互相欣赏，相得益彰。直到刘邦打下天下，对张良也是言听计从。张良是名副其实的帝王之师。而且，张良果然在谷城山下见到了那块神奇的黄色石头。所以，那个神秘的老头，后世人称黄石公。

那么，《太公兵法》到底写的什么呢？虽有传世的版本，我估计不是张良看的那个版本。《太公兵法》到底讲的什么呢？我认为，黄石公与张良相遇、授书的过程，是一个深刻的隐喻，包含着兵法的精髓，主要就是两条。

一是要能忍，要一忍到底。让我拾鞋，我拾鞋；让我穿鞋，我穿鞋；让我早来，我早来；我忍到最后，就能看清你到底要做什么，就能化被动为主动，掌控局面。

二是要争先，要出其不意，抢占先机。先入为主，后入为客，把握好主客关系，这是兵法关键。做人也是同样的道理。

张良随刘邦加入项梁麾下后，从民间找到原来韩王的后人韩成。项梁立韩成为韩王，给了韩成一些兵马，让韩成去打原来韩国的地盘。可是，打得很不顺利。随后，刘邦出手相助，帮着打下了十多座城，算是帮助张良实现了复国梦。所以，张良对刘邦很是感激。

第十一回　鸿门宴猜想

项羽入关，进驻鸿门，叔叔项伯夜访张良。项伯本想拉张良逃走，张良则恳请项伯跟刘邦见面。一见面，刘邦要多恭敬就有多恭敬，要多热情就有多热情，要多真诚就有多真诚：项兄啊，以后咱们就是亲兄弟。我现在有一儿一女，不知道您的孩子年龄几何，咱们结为儿女亲家，怎么样？项王对我可能有点儿误会，您可千万帮忙解释解释。我对项王、对楚怀王，都是一百个忠心啊。

刘邦一番话说下来，把项伯彻底说晕了，当即答应。

项伯连夜回营，跟项羽原原本本说了一遍。注意，这事要换别人干，两边就要开打了，私自去通风报信，绝对是死罪。可项伯没受到责罚，足见他跟项羽的叔侄感情至深。

项伯说：要不是刘邦先把关中打下来，咱们也不可能这么轻易地进来。人家立了这么大的功，咱们却要打人家，要置其于死地，这可不仁义。我看，不如善待安抚，让他为我们所用。

项羽点头：好吧，我听您的。

第二天一早，刘邦带着百十多个亲兵，来到鸿门，拜见项羽。见到项羽后，刘邦要多恭敬就有多恭敬，要多真诚就有多真诚，眼里含着

泪：项王啊，终于又见到您了，可想死臣了。大半个天下都是您打下来的，您为天下苍生造福了！臣借着您的势，打下咸阳后，一点儿也没动，都给您守着呢。听说您对臣有点儿误会，臣猜，准是有小人挑拨离间。您可千万别轻信。

项羽也挺感动：可不是嘛，都是你手下那个曹无伤说的，说你怎么着怎么着的。要不，我也生不了这么大的气。好了，都过去了，一块儿喝酒吧。

项羽张嘴就把曹无伤给出卖了，因此，后世很多人说项羽有勇无谋，头脑简单，四肢发达。我觉得不可能，一个人，能在任何一个领域做到顶尖，都必然有一副好头脑。我认为，项羽之所以一上来就把曹无伤给出卖了，首先是他对这种卖主求荣的小人深恶痛绝，其次也是向刘邦卖个人情，展示诚意。他原本就不想杀刘邦，干脆就往好了来。

范增一看项羽这架势，语气、眼神都没有杀机，心中叫苦：完了，我之前建议他杀刘邦，看来他没往心里去。怎么办呢？现在再沟通，也来不及了。总不能说，刘邦你等会儿啊，我跟项王出去商量一下，商量怎么杀你。

范增只好一个劲儿地向项羽使眼色，又故意拿着身上佩戴的玉玦向项羽示意，你赶紧作决断，动手吧！

玉玦是个什么东西呢？它是个环形的玉件，中间有个缺口。中国的玉文化很厉害，《诗经》讲：

言念君子，温其如玉。

（出自《诗经·秦风·小戎》）

《礼记》讲：

君子无故玉不去身，君子于玉比德焉。

（出自《礼记·王藻》）

玉被赋予了一种人格化的意义。在政治、宗教和日常生活中，各种各样的玉制品，代表不同的含义，类似"花语"。

聘人以圭，问士以璧，召人以瑗，绝人以玦，反绝以环。

（出自《荀子·大略》）

其中，范增拿的这种玉玦就表示断绝关系。"玦"字偏旁"夬"，《易经》讲：

夬，决也。刚决柔也。

（出自《周易·夬》）

夬，有决断、处决之意。范增佩戴玉玦，不是专门为了在鸿门宴上提醒项羽，而是每天佩戴在身上，用以提醒自己，要敢于决断，要多谋，更要善断。只可惜，他拿玉玦向项羽示意了半天，项羽虽明白，却默然不应。

范增恨不得自己冲上去，把刘邦杀了，无奈年高体弱，怎么办呢？他转身出了大帐，把外面的项庄叫到跟前：一会儿，你进去给刘邦敬酒，并给大家舞剑助兴，乘机把刘邦杀死！你哥哥项王狠不下心来，下不了手。这次要是让刘邦跑了，将来你们都得让他杀了！

项庄是项羽的堂弟，武艺精湛、剑术高明，他按照范增说的，走进大帐，敬完酒，开始舞剑。

刘邦也不傻，看着那剑晃来晃去的，心里打鼓。怎么办呢？也不能说，你别舞了，你小子没安好心。他正着急呢，项伯起身：贤侄，一个

人舞剑，多没意思，老夫陪你一块儿舞剑吧。

项伯拔剑跟项庄舞在一起，他护着刘邦，项庄找不着向刘邦下手的机会。

当时，在大帐里，刘邦身边只有张良。张良也着急，可他是玩文的，出主意行，抄家伙打，他不行。司马迁见过张良的画像：

状貌如妇人好女。

（出自《史记·留侯世家》）

张良是男生女相，如女子一般，他哪里保护得了刘邦。于是，张良出帐去找帮手。

樊哙正在外面，等得着急，见张良出来了，凑上来：怎么着了，都这么半天了。

张良说：

甚急。今者项庄拔剑舞，其意常在沛公也。

（出自《史记·项羽本纪》）

项庄舞剑，意在沛公。现在形势相当危急。

樊哙一听就炸了：老子跟他们拼了！

说着就往大帐里面闯，守门的侍卫们阻拦，樊哙手举盾牌，就跟个推土机似的，侍卫们直接被撞飞了。进了大帐后，

瞋目视项王，头发上指，目眦尽裂。

（出自《史记·项羽本纪》）

虎目圆睁，瞪着项羽，头发都竖起来了，怒发冲冠，眼角都瞪裂了。

项羽大惊，拔剑就要站起来：什么人？

张良赶紧解释：项王莫怪，他是沛公的侍卫樊哙。

项羽英雄爱好汉，不禁称赞：好一位壮士！来人，赐酒！

手下拎上一坛酒，樊哙接过来，咕咚咕咚，一口闷。

项羽大悦：好！再给他弄一个彘肩。

手下又给樊哙上了一个彘肩，生的，一大块，得有二三十斤。

樊哙把大盾牌往地上一放当作案板，把彘肩放上面，把剑当作菜刀，割下一块放进嘴里，带着血就吃下去了，像野兽一般。

项羽看傻了：壮士，还能喝酒吗？

樊哙瞪着眼：我死都不怕，还怕喝酒吗？哎，我说项王，你这整什么呢？我听外面的人说，你要收拾我家沛公。他立那么大的功，你还收拾他，弟兄们还怎么跟你混啊？是不是也想走秦朝皇帝的路啊？

项羽有点儿尴尬，没接茬儿：这个……你坐下说，坐下说！

樊哙便挨着张良坐下。

接下来怎么办呢？当着项羽的面，也没办法交头接耳地商量，刘邦心想：不行，我也得出去。

刘邦把肚子一捂：项……项王啊，不……不行了，我得出去吐……吐一下，还得拉肚子，等肚子里腾出地方了，咱们好接着喝。

项羽没多想：去吧，你这酒量不行啊。快去吧。

张良和樊哙赶紧一左一右搀着刘邦出了大帐。

然后，怎么办？跑呗！刘邦还有点儿顾虑：咱们也没打个招呼，这样不辞而别，不合适吧？樊哙说：

如今人方为刀俎，我为鱼肉，何辞为。

（出自《史记·项羽本纪》）

现在人家已经准备好了菜刀和案板，咱们就是那中间的鱼和肉，这就要剁馅儿了，您还考虑什么合适不合适啊？

张良也说：您放心走吧，我给您断后，保证稳住项羽。一会儿我把咱们带来的礼物给他们就行。

于是，刘邦带着樊哙、夏侯婴、靳强、纪信等侍卫开溜，从项羽的大营安然脱身。

等刘邦走远了，张良拿着礼物重新进入大帐：启禀项王，沛公怕您批评处罚他，吓跑了，让我把礼物献给您，请您原谅。

送给项羽一双玉璧，项羽笑纳。送给范增一对玉斗，范增直接给砸了。范增气坏了，可也没办法了。

刘邦回去后，立即把曹无伤杀掉了。

《史记》记载的鸿门宴故事大致如此。最早读到这段时，我便感觉不大可信，那么大个活人，那么大的目标，项羽军营肯定也有严密的管理，刘邦从军中大帐的酒席宴上说跑就跑了，难以想象。刘邦不可能是这么跑的。可是，司马迁也不可能瞎编，他肯定得有依据，起码得有野史依据。

我猜想，这个故事很可能是樊哙编的，然后传出来了，因为，在这个故事中，樊哙的形象太突出了，又威武，又勇敢，又能出主意，话说得也漂亮，好像刘邦能脱险全仗着他似的。而且，对于这几个当事人来讲，刘邦肯定不会自己向人讲这段囧事；张良和夏侯婴的嘴绝对严实，也不会乱讲；纪信后来死了；靳强的职位比较低；只有樊哙跟刘邦是连襟，屠户出身，"大炮"的感觉。

《史记·樊郦滕灌列传》的最后有一句话，似乎印证了我的猜想：

余与他广通，为言高祖功臣之兴时若此云。

（出自《史记·樊郦滕灌列传》）

他广，即樊哙的孙子樊他广，刘邦的好多事情，都是司马迁从樊他广这里听来的。

我认为，真实的情况是项羽根本就没想杀刘邦，而刘邦又有超强的说服能力，见面后，两个人很快便冰释前嫌，把酒言欢。然后，刘邦匆匆喝了几杯酒，便编了个理由，留下张良跟范增对接具体工作，自己先行告退。

接下来，秦朝灭亡了，刘邦也服了，项羽是不是有点儿拔剑四顾心茫然的感觉？或者他就不想当皇帝吗？接下来，怎么办呢？

项羽：亚父，您说说怎么办吧。

范增：我说怎么办，你听吗？我让你杀刘邦，你怎么不杀？

项羽：听，这回一定听您的。

这番对话，史书没写，是我的猜想。我想，这时，项羽跟范增肯定要认真商量一番。商量的结果是什么呢？史书写了：

项羽引兵西屠咸阳，杀秦降王子婴，烧秦宫室，火三月不灭；收其货宝妇女而东。

（出自《史记·项羽本纪》）

屠咸阳城，不论你是官员还是百姓，杀！投降的秦王子婴也要杀掉！各种财物，都收起来搬回去。然后，放火，把秦朝皇宫全部烧掉，大火连续烧了三个多月！

这是多大的浩劫啊。这肯定不是项羽一个人的主意，范增作为"亚父"，很可能也是主谋。坑杀二十多万秦军，范增可能也是主谋。难道他不知道，这样做会丧失民心吗？

　　他和项羽到底为什么要做得这么绝呢？仅仅是要发泄对秦朝的憎恨吗？这肯定是一个很重要的原因，所谓"楚虽三户，亡秦必楚"，这是报血海深仇。除此之外，我认为，可能还有更深的原因。《黄帝四经·经法·国次》有一段话：

　　圣人之伐也，兼人之国，隳其城郭，焚其钟鼓，布其资财，散其子女，裂其地土，以封贤者。是谓天功。功成不废，后不逢殃。

（出自《黄帝四经·经法·国次》）

　　大意是，战争中，在占领敌国后，要把这个国家彻底摧毁。它的城墙工事全部拆掉；它的钟鼓礼器、宗庙社稷等跟原政权有关的东西，全部烧掉；它积累的所有资源、财物全部分掉；它的子民百姓也要全部打乱，让其散布在各地，再也不能集中起来，不能再抱成团；它的土地疆域也要给分裂、分割成若干块，分封给在战争中做出贡献的功臣，成为若干小国。这样才能使这次战争的胜利成果一直保留下去，以后才不会有什么祸患。

　　这种残酷的思想，在近代战争中，也有国家在采用。

　　另外，从国家对个人的制裁来讲，在整个皇权时代里，为什么有夷三族、夷九族？跟这个其实是一回事，残杀很多无辜的人，无非就是为了"功成不废，后不逢殃"，即所谓"斩草除根"！

第十二回　韩信的逆袭之路

　　项羽屠咸阳，烧皇宫。韩生进言：可惜了，您烧它干什么呢？关中之地，得山川之势，易守难攻，而且土地肥沃，您若在此建立国都，您的霸业可就太稳固了，必能传千秋万代。

　　项羽一皱眉，心想有点儿道理，不过，他转念一想：什么千秋万代？秦朝在这儿建立国都，这才十多年就灭亡了。再说了，你早干什么了？这咸阳都被烧得不成样子了，让我在这儿建立国都，不是给自己添堵吗？手下弟兄们还都想着回家跟老婆孩子团聚、享福呢。

　　于是，项羽答复：

富贵不归故乡，如衣绣夜行，谁知之者！

（出自《史记·项羽本纪》）

　　此为成语"锦衣夜行"的出处，穿着漂亮衣服，走夜路，衣服再漂亮也没人能看得清，那多没成就感。富贵了就得衣锦还乡，跟村里的朋友们显摆显摆，举办个同学会跟老同学们显摆显摆，最起码得往朋友圈里发一发、晒一晒，这样才爽嘛。

　　韩生结舌，蔫蔫地退出来了。朋友问他：怎么样，你的建议被项王

采纳了吗？给你封官了吗？

韩生苦笑：

人言楚人沐猴而冠耳，果然。

（出自《史记·项羽本纪》）

我早就听说，这些楚人都是沐猴而冠——猴子洗干净了，戴个帽子，就是楚人了。看看项羽，还真就这样。

这话很快传到了项羽耳朵里。项羽恼羞成怒，将韩生抓了起来，搁锅里煮了。

这也怪韩生。你的建议提得确实不错，可是领导不采纳就不采纳呗，你发什么牢骚嘛。领导不采纳，对你也有个印象，脑子里也划了道印，没准儿过后，他寻思过来，还会主动找你呢。

接下来，怎么办呢？

项羽先派人回去向名义上的领袖（楚怀王）请示。楚怀王答复：

如约。

（出自《史记·项羽本纪》）

当然是按照之前的约定办，"先入定关中者王之"，谁先进入关中，谁就是关中王，原来秦国那一片就是谁的。剩下六国，原来是谁家的还是谁家的。

项羽一听就烦了：合着我白忙活了！六国是谁家的还是谁家的，灭的秦国给刘邦，我算干什么的呢？各路诸侯好多跟原来的六国没多大关系，他们往哪儿放？你个放羊的，还真拿自己当天子啊？你楚怀王不过是我们老项家的一个棋子而已。现在天下已经打下来了，你该干什么干什么去吧。

项羽跟范增一商量，这话还不能挑明，面上还得过得去。于是，尊楚怀王为义帝，表面上比王又高一等，实际只能像战国后期的周天子一样，给一个小公国，一边儿待着去。

然后，由项羽主持，重新分封天下，各路诸侯、功臣大将，全都被封王封侯，列土封疆，重回秦朝以前的天下格局。

项羽去找刘邦："先入定关中者王之"，这话当然得算数。巴、蜀、汉中都是秦国故地，都封给你，你就是汉王。秦国的关中平原这一片，就安排给秦军的三个归顺将领吧，给他们分开，章邯一块，雍王；司马欣一块，塞王；董翳一块，翟王。你有意见吗？好了，就这样吧。

刘邦差点儿被气炸了，非要跟项羽拼了。幸亏萧何劝：吃点儿亏就吃点儿亏吧，总比没命强啊。

臣愿大王王汉中，养其民以致贤人，收用巴、蜀，还定三秦，天下可图也。

（出自《资治通鉴·汉纪一》）

咱们好汉不吃眼前亏，从长计议，等咱们实力强了，该是咱们的还是咱们的。

刘邦点头：好！

公元前206年四月，分封完毕。魏王、韩王、代王、赵王、齐王、衡山王、九江王等各路诸侯各自回到封地。项羽自封为"西楚霸王"，也率领着他的楚军回了彭城。彭城南距他的老家下相县只有一百多里，北距刘邦的老家沛县只有一百多里，距陈胜起义的蕲县大泽乡只有二百来里，同属秦时的泗川郡。

刘邦则带着几万人南下，走蜀道，穿过秦岭，进入汉中。李白诗云："蜀道之难，难于上青天！"进入汉中和巴蜀地区的蜀道，很多路

段都是沿悬崖峭壁修凿的栈道，太险、太难走了。

张良本来应该跟韩王回去建国，不过，他先向韩王请了个假，把刘邦一直送进汉中，到了都城南郑，帮刘邦实地察看了一番汉中的山川地势。张良返回时，对刘邦说：大王，我回去时，顺便帮您把这些栈道都给烧了吧？

刘邦被说蒙了：子房，这是何意？要是把这些栈道都烧了，我将来怎么出去啊？我总不能在汉中待一辈子吧？

张良笑了：大王，咱们肯定不能都烧了，明处的烧了，暗处的留着。要是有人问为什么烧栈道，咱们就说是为了防备别人进来跟咱们抢汉中。这样一来，项羽肯定就会对您放松戒备，您才好走下一步。

刘邦大悦：好，烧！

然后只过了三四个月，公元前206年八月，刘邦估计项羽已经在彭城住安稳了，便开始重修被张良烧掉的褒斜道，那意思，我还得从这儿出去，夺回关中。于是，北边的雍王章邯，得到情报，便立即在褒斜道的沿途和出口处组织防守。

可实际上，刘邦明修栈道，暗度陈仓，走的是另外一条道，打了章邯一个措手不及，很快便把整个关中拿下。只剩下雍王章邯继续固守小城废丘，但已不能影响大局。一年后废丘便被攻下。

那么，被封为王的章邯等三个原来的秦军将领怎么这么不禁打呢？因为：

秦父兄怨此三人，痛入骨髓！

（出自《史记·淮阴侯列传》）

关中的老百姓都恨死他们仨了，要不是他们向项羽投降，那二十多万关中子弟兵，怎么会被项羽活埋？所以他们不可能有什么战斗力。

这不是我的分析，这是刘邦在战前听他的一个手下分析的。谁？韩信！

章邯等三王这么不禁打的另一个原因，就是刘邦开始起用韩信。在那个时代，最杰出的军事统帅，出场了！

实际上，韩信在《史记》中的登场一点儿也不闪亮，绝对是最普通的。《史记·淮阴侯列传》的开头是这样写的：

> 淮阴侯韩信者，淮阴人也。始为布衣时，贫无行，不得推择为吏，又不能治生商贾，常从人寄食饮，人多厌之者。
>
> （出自《史记·淮阴侯列传》）

韩信是淮阴人，底层出身，一介布衣，穿粗布衣服的平头百姓，很穷。不但穷，还"无行"，德行不行，估计有什么案底之类的，被政府部门列入了黑名单。"不得推择为吏"，没有刘邦那种考录公职的机会。种个地、做个小买卖之类的活，他也干不了，养家糊口都不行。他是彻头彻尾的一个贫民。

那么，靠什么吃饭呢？基本跟要饭差不多。你是大哥，我跟你混，捧你的场，你得管我饭吃。等把这个大哥吃烦了，就再换一个大哥接着吃。有一段时间，他每天都去一个亭长家里蹭饭，一连好几个月。最后，亭长没说什么，亭长的老婆实在烦透了，有天早上，他们早早地把饭都吃光，一点儿没给韩信留。等韩信去了一看，瓢干碗净，一下子就怒了。

> 怒，竟绝去。
>
> （出自《史记·淮阴侯列传》）

大怒，气得再也不去这家吃饭了。

《史记》写得真幽默，人家已经白让韩信吃了好几个月的饭，他还好意思怒，得说韩信这脸皮够厚。

有一天，韩信肚子饿了，没管饭的了，怎么办呢？钓鱼。他自力更生，想钓条鱼，烤着吃。可是，他的钓鱼技术也不行，大半天才钓上来一条小鱼，实在饿得不行了，赶紧生火，烤鱼。

旁边不远处有一群妇女正在水边漂洗丝絮，其中有一位大娘，史书称其为"漂母"，看着韩信很可怜，就把自己带来的饭匀出来一些，给韩信吃。以后的几十天，漂母每天都来河边漂洗丝絮，给韩信带点儿吃的。有一天，漂母跟韩信说：孩子，我的活今天就干完了，明天就不来这儿了，不能给你带吃的了。

韩信感激得不得了：大娘，有朝一日我一定会报答您！

没想到漂母说：我用不着你报答，我是图你的报答吗？再说了，你这个样子怎么报答我。孩子，男子汉大丈夫，要干出点儿成就来！不能老这样。

韩信怎么回答呢？《史记》没写，紧接着就是韩信那段最著名的故事。

有一天，几个小混混堵上韩信：我早就看你不顺眼了，整天背着刀挎着剑在街上逛来逛去，像那么回事一样。今天你要是厉害，就杀了我；要是认尿，就从我的胯下钻过去。

于是信孰视之，俯出胯下，蒲伏。一市人皆笑信，以为怯。

（出自《史记·淮阴侯列传》）

韩信愣住了，瞅着这几个小混混，瞅了半天，真就趴在地上，从人家的胯下钻了过去。弄得满大街的人都笑话他：韩信这个胆小鬼，太尿了！

《史记》关于韩信早年的记载只这么简单几段，他父母是做什么的，读没读过书，有没有经过高人指点，都没有写。项羽要学万人敌，张良有黄石公授书，《史记》上都有记载。韩信应当是没这方面的经历。那么，就凭这样一个"草根""胆小鬼"，怎么就能成长为那个时代最杰出的军事统帅呢？稍后再作解释。

公元前209年，项梁率军北上，经过淮阴，韩信仗剑从之，参军。这一年，他大概二十二岁。然后，他在项梁军中，"无所知名"，只类似于士兵甲、士兵乙这样的角色，默默无闻。

项梁死后，他又跟着项羽，这时他进入了项羽的视野。

羽以为郎中。

（出自《史记·淮阴侯列传》）

项羽任命韩信为郎中，大致是一个级别比较低的参谋。然后，《史记》讲韩信：

数以策干项羽，羽不用。

（出自《史记·淮阴侯列传》）

他多次向项羽进献计策，希望以此晋升，却都未被采用。即便如此，我想说的是，这时的韩信就已经成功了！已经从一个社会最底层的人，成为主宰那个时代的帝王级人物的身边人。他是怎样做到的呢？这可能是对我们年轻人最有教育意义和启发的，可惜《史记》没有写。

《史记》写的是，对于这样的成功，韩信一点儿也不满意。就在项羽分封天下后，各路诸侯各回各家时，他跑了，不再跟随项羽。他投奔到刘邦军中，南下汉中，还是从底层干起，从头再来。

可是，还没等混出头来，他就犯了杀头的罪。杀头那天，一字排

开，一共13个罪犯挨个儿砍，眼看着就要砍到他了。这辈子就这么完了吗？

韩信挣扎，正好看见一个大官穿戴的人从边上经过，他大喊一声：

上不欲就天下乎？何为斩壮士！

（出自《史记·淮阴侯列传》）

汉王不想得天下了吗？不能杀我！

这个大官是谁呢？正是刘邦的亲信夏侯婴。夏侯婴也是沛县人，最早做厩司御，相当于县政府的司机，每天下了班就去找刘邦玩。刘邦爱"狎侮"人，有一次，玩笑开大了，竟然伤到了夏侯婴，而且伤得不轻，夏侯婴也没往心里去。可是，有小人以此控告刘邦故意伤人。秦朝法律严酷，此罪若坐实，刘邦的亭长可能就没法做了，还有可能受到处罚。官吏找夏侯婴调查，夏侯婴坚决否认：没有这事。

官吏：那你的胳膊怎么断了？

夏侯婴：我自己摔的，你管得着吗？

这事调查来调查去，最后夏侯婴竟为此坐了一年多的牢，还被打了几百板子，即使这样，他也没说是刘邦的过错。他就是这么仗义。所以，刘邦从一开始干大事，就以夏侯婴为太仆，掌管车马乘舆等，形影不离。鸿门宴时，保护刘邦逃跑的四大金刚里就有夏侯婴；而且直到刘邦去世，他都一直任太仆，之后他继续给刘邦的儿子汉惠帝、刘邦的老婆吕雉当太仆，到汉文帝的时候他还是太仆。夏侯婴绝对是刘家最信任的人。

夏侯婴听到韩信大喊，吓了一跳：这是什么人？临死了还吹这么大的牛。我得好好看看。住手！先别砍了，我瞅瞅，什么人这么大口气。

夏侯婴上前端详：哟，这还真不是一般人。松绑！

然后，韩信跟夏侯婴进行一番交谈，三两句话就把夏侯婴忽悠住了，夏侯婴立即把他推荐给了刘邦。刘邦很重视：既然你这么看重这个人，就让他做治粟都尉吧。

治粟都尉掌管军粮，别管职务高低，绝对是肥差，而且得是可靠的人才能干的职位。韩信一下子就厉害了，不但成为夏侯婴的座上宾，还跟萧何混到了一块儿。

信数与萧何语，何奇之。

（出自《史记·淮阴侯列传》）

韩信把萧何也忽悠住了，萧何也佩服他。

此时的韩信跻身于刘邦集团的最高层，算是非常成功了。可他还不满意，他在心里计算日子：我跟萧丞相已经谈过好几次了，最后一次距离现在也不少天了，他要是向汉王举荐我，再加上汉王考虑的时间，到现在也足够了。怎么还没动静呢？汉王怎么还不来请我呢？看来汉王还是没拿我当人才，我的梦想还是实现不了，我还是走吧。

于是，刘邦大军刚进入汉中，到达都城南郑，韩信便不辞而别。

萧何听到这个消息，急了：此人要是跑掉，太可惜了！

他都没顾得上向刘邦打招呼，便追了出去。这就是"萧何月下追韩信"。

当时，刘邦军队进入汉中，人们一看这儿是个穷山沟，分明是山穷水尽，再无前途，而且老婆孩子还都在老家，于是便有大量逃兵，包括很多将领。刘邦也没有办法：天要下雨，娘要嫁人，随他去吧，该走的自然会走，该留的自然会留。

然后，一转眼，一看萧何没了。哪儿去了？

手下有人说：我看到萧何也跑了。

　　刘邦大怒，暴跳如雷，然后，心凉了，愁坏了：看来是真的没法干了，连萧何都跑了。

　　过了两天，萧何回来了。

　　刘邦差点儿哭了：你个老家伙，跑哪儿去了？

　　萧何：我去追个逃跑的将领，走得太着急，没顾得上跟您请假。

　　刘邦：这段时间逃跑的将领有几十人，也没见你去追过，你这追的是哪一位啊？

　　萧何：韩信。

　　刘邦：噢，韩信，这小子很特殊吗？

　　萧何：对，韩信太特殊了！

　　诸将易得耳。至如信者，国士无双。

　　　　　　　　　　　　　　　（出自《史记·淮阴侯列传》）

　　别的将领跟韩信没法比，全天下也找不出第二个这样的人才！您要是想一辈子只做个汉中王，要不要韩信就没有什么关系；您要是还想打天下，除了韩信，没人能帮您实现！

　　刘邦震惊。萧何对他来说，如同师长一般，在沛县混了那么多年，得说是萧何罩着他的。而且，萧何是相当持重的人，把话说得这么绝，看来这个韩信真的了不起。

　　刘邦：好吧，我听你的，让韩信做将军，带一路兵马。

　　萧何摇头：不行，这个留不住他，他还得走。

　　刘邦有点儿烦：那干脆让他做大将军，全部兵马都听他指挥。行了吧？

　　萧何点头：太好了！咱们就这么办！

　　刘邦心说：你真这么办？就当玩吧，不行再换。

刘邦一挥手：行了，你去把那小子叫来吧。

萧何没动。

刘邦：快去吧，把那小子叫来。

萧何：不对，您得说"请来"，这不是儿戏，这是封大将军，得"择良日，斋戒，设坛场，具礼，乃可耳"。得郑重其事地举行授衔任命仪式。

刘邦：好吧。

很快，良日到了，仪式很大，全军上下都很兴奋，都等着看这个大将军是何方神圣，是什么模样。

结果一看是韩信，"一军皆惊"！大家都惊呆了：怎么是他？怎么竟然是那个"贫无行，不得推择为吏"，每天蹭别人饭吃，从小混混胯底下钻过去的韩信呢？他凭什么能够成为一人之下、万人之上的大将军，凭什么会这么成功呢？

第十三回　楚汉争霸第一战

　　按照《史记》记载，在任命韩信为大将军的仪式举行后，刘邦才第一次与韩信交谈。正是因为在这番交谈中韩信展示出的超凡战略思想，与刘邦高度契合、高度一致（就像四百多年后，刘备跟诸葛亮的隆中对一样），才让刘邦下定了重用韩信的决心。

　　当时，韩信问刘邦：您打天下最大的敌人是项羽，您打得过他吗？

　　刘邦：打不过，我跟他的实力差距很大。

　　韩信：不对，表面上看，项羽很强大，但是，

　　其强易弱。

（出自《史记·淮阴侯列传》）

　　项羽的强大坚持不了多久，他正在走下坡路。我在他手下干了两三年，太了解他了。他这个人，性格上有两大弱点。

　　一是**匹夫之勇**。他自己确实很能打，有万夫不当之勇，对此他很得意。可是，你自己再能打，浑身是铁能捻几根钉啊？有道是，一个好汉三个帮。你得会用人，得培养得力的将领，大家都能打才行。他不懂这个道理，不会用人，手下没人，有勇无谋。

二是**妇人之仁**。他是贵族出身，很有礼貌，对身边的人都很尊重，说话办事都讲礼节，表现得很仁爱，谁要是生个病，他都去慰问，很关心。可是，谁要是带兵打仗立了功，该好好封赏了，他却舍不得，官位也舍不得，钱也舍不得，很是小气，让人心寒。

另外，项羽在战略上也有几大败笔。

一是**不居关中，而都彭城**。没有定都于秦朝故都，不懂得山川地势，没有政治谋略。

二是**废逐楚怀王**。打下天下来，便卸磨杀驴，给楚怀王弄了一个"义帝"的虚名，相当于将楚怀王流放了。这是背信弃义，大失人心。

三是**分封天下不公平**。不但您觉得不公平，好多诸侯都觉得不公平，都恨上项羽了。

四是**所过无不残灭者，天下多怨**。他的作战思想有问题，屠城太多，杀人太多。

名虽为霸，实失天下心。

（出自《史记·淮阴侯列传》）

韩信说这番话时，刘邦不住地点头：韩信真没白在项羽身边待，把项羽研究透了。兵法讲究的是知己知彼，韩信这一条做得实在到位。

韩信继续讲：

今大王诚能反其道：任天下武勇，何所不诛！

（出自《史记·淮阴侯列传》）

大王，您只要能反其道而行之，项羽的毛病您都不犯，项羽失策的地方您都纠正，放手发动天下的英雄豪杰为您所用，那样，谁能挡得住您？

以天下城邑封功臣，何所不服！

（出自《史记·淮阴侯列传》）

很简单，天下那么多城池，谁打下来的，您就封给谁，那英雄豪杰还不都得来投奔您，铁了心地追随您，跟着您打天下。

以义兵从思东归之士，何所不散！

（出自《史记·淮阴侯列传》）

现在您手下的将士们都思乡心切，那么多人逃跑，为的是回家跟家人团聚。您还不借这个势，让大军一鼓作气打回老家去，更待何时？

刘邦听得热血沸腾，心花怒放：难怪萧何他们如此看重韩信，他这个见识太高明了！要打天下，这是天大的事，不能只看自己手里有多少兵马，有多少资源，就得靠全天下的人才和资源，办全天下的大事！

韩信的这番话，用现在一个时髦的说法就是：**心有多大，舞台就有多大**。我认为，韩信成功的秘诀就是两个字：心大。他能够从一个要饭的崛起成为一代名将，当然有他天资的因素，但也有命运的因素，这些都是难以复制的，我们能借鉴的就只有这两个字：心大。说的文一点，就是有志。

司马迁在《史记·淮阴侯列传》的最后，有一段"太史公曰"：

吾如淮阴，淮阴人为余言，韩信虽为布衣时，其志与众异。

（出自《史记·淮阴侯列传》）

我曾经到韩信的老家淮阴去实地考察，当地人跟我说，韩信早年做平头百姓时，他的心气志向就跟平常人不一样。怎么不一样呢？

> 其母死，贫无以葬，然乃行营高敞地，令其旁可置万家。余视其母
> 冢，良然。
>
> （出自《史记·淮阴侯列传》）

韩信的母亲死时，他都穷得没钱办丧事，可是，他却费了老大劲，专门找到一块地势又高又开阔的地方做墓地，把他母亲葬在那里。"其旁可置万家"，什么意思呢？那意思就是，我将来要做万户侯，将来这一片都得是我家的封地。我娘先给我占下了。

心大、有志。其实，刘邦、陈胜，还有好多从底层崛起的人物，他们既不识字，也没有什么资源，靠什么起来啊？都有这个原因：心大、有志，"其志与众异"。比如刘邦：

> 高祖常繇咸阳，纵观，观秦皇帝，喟然太息曰："嗟乎，大丈夫当如此也！"
>
> （出自《史记·高祖本纪》）

比如陈胜：

> 尝与人佣耕，辍耕之垄上，怅恨久之，曰："苟富贵，无相忘。"庸者笑而应曰："若为庸耕，何富贵也？"陈涉太息曰："嗟乎，燕雀安知鸿鹄之志哉！"
>
> （出自《史记·陈涉世家》）

回到刘邦跟韩信的交谈，刘邦越听越高兴：韩将军，你说得太好了，跟我想的一模一样，知我者，将军也！那么，依你看，咱们下一步怎么办呢？

韩信：下一步打，先把关中打下来。项羽把关中分给三个秦军的降将，这是大错特错。关中的老百姓都恨死他们了。而您入关时约法三章，对老百姓秋毫不犯，关中的老百姓都恨不得跟着您。所以，肯定会很好打的。

刘邦依计而行，很快便把关中收入囊中。

项羽怎么不来救呢？一方面是离得远，远水救不了近火；另一方面是他有掣肘的事，无暇西顾。

正像韩信所说，项羽分封天下，好多诸侯都不满意，都认为不公平，自己吃亏了，特别是田荣。田荣是田儋的弟弟。田儋是与项梁同时起义的，自立为齐王，被章邯击杀。田荣拥立田儋之子田市为齐王。因为他们不服从项羽的调遣，所以项羽分封时，竟然把他们手下的大将田都封为齐王，改立田市为胶东王，田荣则什么也不是。

田荣大怒，发兵把新封的齐王田都打跑，与项羽正式决裂。而田市不敢得罪项羽，站到了项羽一边。打到最后，田荣杀了田市，自己做了齐王。整个过程错综复杂，打来打去，旷日持久，而且齐地邻近彭城，项羽便被牵制住了，从而给了刘邦做大做强的机会。

于是，公元前205年春天，刘邦在控制关中后，立即大举东进，楚汉战争正式开始。

这天，刘邦大军打到了洛阳，当地贤人董公前来献计：大王，我听说义帝已被项羽派人杀害，这事您知道吗？

刘邦点头。

董公接着说：大王，我听说过三句古话，都很有道理。一是**顺德者昌，逆德者亡**。二是**兵出无名，事故不成**。三是**明其为贼，敌乃可服**。您应当抓住项羽杀义帝这件事，大做文章，大肆宣扬，揭露项羽的恶行。他是不仁不义不忠，与天下人为敌，应受天下人唾弃！而您发兵打项羽，就是要为义帝报仇，为天下伸张正义，替天行道。这样一来，您是顺德，他是逆德；您师出有名是正义之师，他是民贼；这就顺了，仗就好打了。

刘邦立即采纳，传令全军，戴孝，为义帝发丧。刘邦哭得死去活来，把义帝的丧事办得轰轰烈烈。同时，刘邦通知各路诸侯：我要为义帝报仇，你们若还有正义感，都跟我一起打项羽！

于是，声势大振，很多诸侯都支持刘邦，很多老百姓都来参军，讨伐项羽的军队一下子壮大到56万人，浩浩荡荡直奔彭城。

此时，项羽带着他的主力还在与齐国苦战。他先是跟田荣打，田荣兵败，被人杀死。而项羽并未胜利，因为他一路烧杀劫掠，"所过无不残灭"，太招人恨了，齐地百姓不服。于是，田荣的弟弟田横又站出来了，他拥立田荣之子田广为齐王，跟项羽接着打。田横比两个哥哥更厉害，项羽跟他连打数仗，就是打不赢。眼瞅着后方的彭城要被刘邦抄了底，后院着火了，项羽则较上劲了，非要灭了田横再回去救彭城。

于是，刘邦竟然没费劲，便将彭城一举拿下。刘邦和一起来的各路诸侯都高兴坏了，"日置酒高会"，天天喝。

项羽一看刘邦真抄了他的老窝，急了，在田横这边留了点儿兵马，顶住。自己率领3万楚军精兵，急行军连夜赶回彭城。

公元前205年四月一天的清晨，楚汉争霸的第一个高潮彭城之战开打，项羽带3万楚军精兵对阵刘邦的56万诸侯联军。

结果怎么样？只打了半天，到中午时，刘邦这边就溃败了，兵败如山倒，都跟没头苍蝇似的，抱头鼠窜。其实，真正让楚军打死的没多少，让自己人踩踏而死的不计其数，更多的是被楚军追急了跳到河里淹

死的。彭城南有一条河叫睢水，河被死尸填平了，堵住了，后面再来的逃兵，直接踩着尸体就跑过去了。

刘邦自己带着一小队兵马，不过千八百人，被楚军团团包围，里三层，外三层，围得水泄不通。刘邦心中叫苦：完了！怎么办呢？是拼命，还是投降？

正在无计可施，身陷绝境之时，突然，西北方向刮来一团飓风，朝着刘邦这边呼啸而来，所过之处，房倒屋塌，树都被连根拔起，沙石满天，直刮得天昏地暗。楚军大乱，刘邦夺路而逃。这又是"传说哥"的一个传说，如有天助。

这时刘邦身边只剩下几十个人。往哪儿跑呢？往老家跑！老爹、老婆、孩子都还在家呢，还在距彭城北不过二百里的沛县。

他们在前面跑，后面的楚军紧追不舍。

好不容易跑到沛县家里一看，没人，不知道家人都跑哪儿去了。刘邦着急，也没时间找，长叹一声，没办法，接着跑。临出沛县时竟然把俩孩子给捡着了。闺女大一点，十多岁，领着弟弟。当时，给刘邦驾车的正是夏侯婴，他把俩孩子抱上车，继续跑。接下来的情况，可以说是刘邦最著名的桥段。《史记·项羽本纪》里是这样写的：

> 楚骑追汉王，汉王急，推堕孝惠、鲁元车下，滕公常下收载之。如是者三。

（出自《史记·项羽本纪》）

后面的楚军骑兵紧追不舍，刘邦着急，嫌车慢，嫌车上拉得人太多了，速度上不去，便把两个孩子都从车上推了下去。"孝惠"就是他的儿子，后来的孝惠帝；"鲁元"就是他的女儿，后来的鲁元公主；"滕公"就是夏侯婴。《史记》中记载夏侯婴在入关前，因战功被"赐爵封转为滕公"。夏侯婴立即停下车，又把孩子们抱了上来。刘邦竟然又推了下去，"如是者三"，推了好几次，幸好有夏侯婴在，每次他都把孩子们抱上来，他跟刘邦讲：

虽急不可以驱，奈何弃之！

（出自《史记·项羽本纪》）

虽然很危急，车跑不快，也不至于把孩子们扔了吧。

这是《史记·项羽本纪》里记载的内容。

在夏侯婴的列传里也写了这一段：

汉王急，马罢，虏在后，常蹶两儿欲弃之，婴常收，竟载之。

（出自《史记·樊郦滕灌列传》）

当时，马跑了一天，很疲惫，楚军又在后面紧追不舍，刘邦急眼了，"常蹶两儿欲弃之"，把孩子们从车上踹下去好几次，都是夏侯婴又给抱了上来。而且，夏侯婴是真疼爱这俩孩子，孩子们上了车，他还要等孩子们坐稳了，手都抓紧车上的东西，他才加速。把刘邦气得够呛。

汉王怒，行欲斩婴者十余，卒得脱。

（出自《史记·樊郦滕灌列传》）

刘邦不但不领情，还嫌夏侯婴耽误了时间，对夏侯婴骂骂咧咧的：你快点儿，你再这么磨磨蹭蹭的，我非得杀了你！这话说了十多次。当然，刘邦不可能真杀夏侯婴，感情越深就骂得越厉害，刘邦就是这样的

人。最后，也没有被追兵追上，他们脱离了危险。

那么，刘邦真这么狠吗？有道是，虎毒不食子，他真就忍心把孩子们从飞奔的马车上踹下去吗？我不相信，我倒想起一句话，刘备摔孩子——收买人心。老刘家人都会演戏，刘邦可能也是怕手下埋怨，因为这俩孩子确实拖累了大家，所以演了这么一出。或者，本身只是传说而已。

虽然捡回了两个孩子，但是刘邦的老爹刘太公和老婆吕雉却被项羽抓住了。

第十四回　史上最让人感叹的友谊

公元前205年五月，在彭城惨败的刘邦收集残兵败将退守荥阳。

萧何亦发关中老弱未傅者悉诣荥阳，汉军复大振。

（出自《资治通鉴·汉纪一》）

萧何在大后方关中动员征调大批人员，老的、残的、年纪小一点儿的、本来不够参军条件的，也都支援前线，赶到了荥阳。刘邦的实力一下子又壮大起来，能跟项羽的楚军对峙抗衡了。

韩信也往荥阳送去大批兵力。他的兵都是从哪儿来的？打来的。打谁？先是打魏豹。

魏豹是原魏国末代国君魏王假的兄弟，魏景湣王的儿子。陈胜起义初期，手下大将周市，打下了魏国这一片，拥立了魏豹的哥哥魏咎为魏王。不久后，章邯灭周市，魏咎自杀，魏豹投奔楚怀王。随后，项羽分封天下，封魏豹为西魏王。刘邦为义帝报仇，联合各路诸侯，魏豹加入刘邦阵营。刘邦大败后，魏豹跟着一起回到荥阳后，请假回家。

至则绝河津，反为楚。

（出自《资治通鉴·汉纪一》）

魏豹北渡黄河，回到西魏国，便背叛了刘邦，重投项羽。

刘邦派郦食其过去，想把魏豹劝回。魏豹拒绝：

> 今汉王慢而侮人，骂詈诸侯群臣如骂奴耳，非有上下礼节也，吾不忍复见也。

（出自《史记·魏豹彭越列传》）

不行，我受不了刘邦了！就没刘邦那样的，不管是诸侯，还是大臣，他逮过来就骂一顿，跟骂孙子似的，一点儿礼节也不讲，一点儿也不尊重人。我跟他没法儿混。

其实，魏豹之所以背叛刘邦，还另有隐情。

郦食其虽然没有劝成，却把魏豹手下的将领情况弄清楚了，并禀报了刘邦，刘邦分析了一番，认为魏豹不足为患，便派韩信带兵去打。

韩信从刘邦的关中大本营栎阳出发，大军至临晋，就是黄河西岸，便开始修造战船，做出在此渡河之势。魏豹的主力军便立即在对岸集结防御。结果，韩信悄悄地带主力北上到夏阳。

> 而伏兵从夏阳以木罂缻渡军。

（出自《史记·淮阴侯列传》）

这次韩信没有修船，而是用木罂缻绑成筏子，成功渡河。

什么是木罂缻呢？大致就跟现在饮水机上的桶差不多，木质的。它真能把军队运过黄河吗？曾国藩对此表示过怀疑。我暂且胡乱相信可以。

韩信出其不意渡过黄河，很快便把魏豹俘虏了，之后把魏豹和大批投降的魏军送到荥阳。

接下来，韩信又打了一仗，更漂亮。打谁呢？陈馀。

陈馀曾是魏国名士，与另一位魏国名士张耳是好朋友。

父事张耳，两人相与为刎颈交。

（出自《史记·张耳陈馀列传》）

情同父子，两人定为"刎颈之交"，发誓可以为了对方抹脖子，不求同年同月同日生，但求同年同月同日死。

他俩有一个共同特点，就是都有个有钱的老丈人。

张耳年轻时曾做过信陵君的门客，不知道犯了什么案子，逃亡到外黄县。因祸得福，张耳被当地一个富豪看中。这个富豪有个女儿，长得特别漂亮，刚出嫁不久就跟新郎闹翻了，嫌新郎平庸，偷偷跑回娘家，每天以泪洗面，非让她参再给她找个有才华的丈夫。于是，张耳正好娶了这个富豪的女儿。有富豪老丈人资助，张耳很快站就起来了，洗白了身份，又结交了天下豪杰，黑白两道通吃，竟然还做上了外黄县县令。

陈馀也是"好儒术"，喜欢读书，有学问，青年才俊，被一个富豪看中，收为女婿，很快也成了当地响当当的人物。

《史记·外戚世家》讲：

自古受命帝王及继体守文之君，非独内德茂也，盖亦有外戚之助焉。

（出自《史记·外戚世家》）

自古以来有作为的帝王君主，不但"内德茂也"，自己有真本事，"亦有外戚之助焉"，也得力于外戚，也就是老丈人家的扶持与帮助。

不过，成功历来有风险，木秀于林，风必摧之。秦灭魏后，张耳、陈馀作为魏国名士遭秦朝政府的悬赏通缉。他俩只好隐姓埋名，逃亡到陈郡，做监门，类似门卫保安的工作，混口饭吃。有道是，龙游浅滩遭虾戏，虎落平阳被犬欺。有一次，陈馀犯了点儿小错误，长官抢鞭子就打，陈馀正要反抗，被张耳一把摁住。事后，张耳批评：

今见小辱而欲死一吏乎？

（出自《史记·张耳陈馀列传》）

因为受这么一点儿小屈辱，跟这么一个小官吏斗气，就会有暴露身份的可能，有生命危险！你也太意气用事了！

从这件小事可以看出，陈馀更性情一些，而张耳更老成务实一些。所谓小不忍则乱大谋，这也是一个大人物忍辱的经典故事，跟韩信忍胯下之辱差不多，张良圯上敬履也是强调一个忍字。**忍，是被无数大人物验证过的历史智慧。**

陈胜起义占领陈郡，张耳、陈馀投其麾下。于是，英雄有了用武之地，才华得到施展。陈胜要自立为王，他俩反对：当务之急应派人到各地，立六国后人为王，各自发展壮大，以分散秦军。做大之后，再称王称帝，水到渠成。现在称王，只能置自己于风口浪尖之上，不妥。

陈胜没有听取两个人的建议。后来，范增认为，陈胜败就败在没有听取张耳、陈馀的建议。所以他劝项梁立楚怀王，取得成功。

随后，张耳、陈馀同心协力，经历了几番死里逃生、艰苦卓绝的奋斗，最终拥立赵王，成为一方诸侯势力。

接下来，便是著名的巨鹿之战。

在项羽打来之前，秦军包围着巨鹿城，城内正是张耳和赵王。陈馀则带领着一支机动军队在秦军的包围圈之外。当时战局危机，城内已经没有粮食了，眼看就坚持不住了。陈馀竟然按兵不动，没有在秦军背后发动猛攻，解救张耳。当时从各地赶来的诸侯援军，也都远远地躲在一边，作壁上观，因为秦军太强大了，根本不敢上前救援。

张耳在城里气坏了，派了两员将领杀出重围，来找陈馀，质问：张公和您不是刎颈之交吗？为何不肯相救？若以必死之心一战，或许还有胜利的希望。

陈馀铁青着脸：不对！我现在跟秦军拼命，无异"肉委饿虎"，是拿小羊羔往老虎嘴里送，白白送死，毫无意义。那样，我连给你们报仇的机会都没有了。我必须得先保住这支军队，等楚军上来，再一起对付秦军。

这两员将领急眼了：行了！别说了！您就说，能不能信守跟张公的誓言，还能同生共死吗？

陈馀也急了：能！有什么不能。拼就拼，我先给你们五千兵打先锋，我整顿兵马随后就上。

然后，这五千兵跟秦军一交战，就像一把盐洒到了水里，唰一下就没了，全军覆没。

张耳在城内既没有等来陈馀的救兵，派出的两员将领也没影了，他胡思乱想，心里发凉。

就在这时，项羽率军前来，破釜沉舟，打败秦军，解了巨鹿之围。

然后，各路诸侯拜会项羽，凑在一起庆祝。张耳见到陈馀，劈头质问：陈馀！你为什么不救我？我派去找你的那两员将领怎么没有回来？是不是被你杀了？

陈馀没想到张耳会这么激动，而且张耳的话让他太寒心了：大哥

啊，您怎么会把我想得这么坏呢？怎么就不能理解我的良苦用心呢？您这么怨恨我，不就是要军队吗？好吧，我的军队全给您！

说完，陈馀便把将军印绶解了下来，往张耳面前一放。

张耳愕然不受，愣住了，他哪好意思接，气氛便僵住了。

陈馀也不知道怎么办，旁边也没人打圆场，正好感觉有点儿憋得慌，他就转身出去上厕所了。

这时，一个谋士立即凑到张耳身后小声进言：

天与不取，反受其咎。

（出自《史记·张耳陈馀列传》）

上天给您机会，您不抓住，会被上天怪罪。您不要错过机会！

张耳可能是刚刚经历了生死考验，已对人性悲观失望，或者是深受没兵就得挨打的切肤之痛，他真就把陈馀的将军印绶收了起来，把那份刎颈之交的友谊丢弃了。

陈馀从厕所出来，一看这种情况，心凉了！他扭头就走了，只带走了几百个亲兵。从此两人反目成仇。

友谊的小船说翻就翻。

接下来，陈馀做了一件很出彩的事，就是给当时的秦军统帅章邯写了一封劝降信。他"好儒术"，有大才，在信中讲：章将军，据我所知，你们的丞相赵高已经拉开架势要整你，你是"有功亦诛，无功亦诛"，打胜了，他嫉妒你，肯定得诛杀你；打败了，他正好把罪过全都推给你，也得诛杀你。所以，无论你怎样给秦朝效命，也是死路一条。赶紧弃暗投明吧，这是你唯一的活路了。

章邯这才动了投降之心。

　　所以，陈馀对项羽的胜利做出了重要贡献。可是，因为陈馀已经交出了将军印绶，虽然后来又拉起一支兵马，但再也不愿意与张耳为伍，就没有跟项羽一起西进入关。等到项羽分封天下时，就只给张耳封王（常山王），原来的赵王改封为代王，就是把赵国一分为二分封给两个人。陈馀则只给封侯，封地只有南皮等三个县。

　　陈馀气坏了：我跟张耳同功不同封，凭什么？

　　于是，不久后陈馀便跟同样不满项羽分封的田荣联合，反对项羽，攻打张耳，把张耳打得落荒而逃。

　　张耳往哪儿逃？两个选择。要么投奔项羽，项羽给他封王，对他也挺关照，离得也近。要么投奔刘邦，刘邦当时刚刚控制关中，而且他跟刘邦是故人，他在外黄时，刘邦在他手下干过大半年，有一段老交情。他手下有一位叫甘公的高人，精通天文，说：

　　汉王之入关，五星聚东井。东井者，秦分也。先至必霸。楚虽强，后必属汉。

（出自《史记·张耳陈馀列传》）

　　天象显示，刘邦必得天下。

　　于是，张耳投奔刘邦。刘邦厚遇之，还拿张耳以大哥相待。

　　陈馀则把原来的赵王又请了回来，自己当丞相，赵国又合二为一。

　　不久后，刘邦到了洛阳，为义帝发丧，派出使者联络天下诸侯一起攻打项羽。陈馀答复：没问题，我只有一个条件，只要汉王把张耳的脑袋给我送来，我马上出兵相助。

　　刘邦一听：我要把张耳的脑袋给他，弟兄们还怎么跟我混，一点儿江湖道义也没有了。不给吧，陈馀掌握着一方重镇，是实力最强的诸侯

之一，不争取过来太可惜。怎么办呢？

最后，刘邦想了个办法，找了一个跟张耳长得特别像的人，把这个倒霉蛋的脑袋给砍了，拿血一抹，装进盒子里就给陈馀送去了。陈馀竟没看出是假的，信以为真，便站在了刘邦一方。

可是，世上没有不透风的墙，彭城大败后，陈馀知道了真相，大怒，跟刘邦决裂为敌。

所以，韩信打下西魏国魏豹后，便带上张耳去打赵国陈馀。这又是一场让韩信扬名立万的大仗。

韩信带兵从平阳北上，先是在阏与跟赵军打了一仗，大胜。然后迂回了一下，准备经过井陉口攻打赵国国都——襄国。陈馀率大军在井陉口扎下大营，修好工事，严阵以待。

当时，陈馀的手下李左车（赵国名将李牧之孙）很有谋略，向陈馀建议：韩信乘胜而来，兵锋不可挡。不过，井陉口这一段山路极为狭窄，他们的队伍肯定拉得很长，粮草辎重肯定都被远远地甩在最后面。我请求率三万兵，抄小道，绕到他们后面，劫其粮草辎重。您则坐镇大营，坚守不出。给他们来个胡同赶猪——两头堵。不到十天，他们就得束手就擒。

陈馀一笑：李将军这个谋略很好。可是，咱们犯得着这么麻烦吗？咱们有十几万兵马，韩信那边号称有数万兵，实则不过一万多兵马。咱们就是生打，十个打一个，还打不烂他们吗？打他们要还用谋略，那就太抬举他们了，让诸侯知道了笑话咱们。

正所谓，一念天堂，一念地狱。陈馀骄傲轻敌，韩信便有了机会。

韩信使人间视，知其不用，还报，则大喜，乃敢引兵遂下。

（出自《史记·淮阴侯列传》）

韩信也担心赵军会采用李左车的谋略，提前派出间谍侦察情况，得知赵军没打算这样做，他心里有底了，放心大胆地把大军开到了离井陉口三十里的地方，跟陈馀隔着一条绵蔓河，扎下营盘。然后，刚过半夜，韩信就下令渡河，并且传令：

今日破赵会食！

（出自《史记·淮阴侯列传》）

今天的早饭要等到把赵军消灭，再吃。

手下将士们心里都感觉这牛吹得太大了，但嘴上不敢说，只能说：好！遵命！

一万主力军浩浩荡荡地渡过了绵蔓河，在河岸边，背水列阵，排好战斗阵列。

陈馀的手下见状都笑了：这是学项羽吗？破釜沉舟，故意让自己没退路了，要决一死战。可是，也不看看你们这才多少人，跟人家项羽学得来吗？正好，你们一个也别跑，等天亮把你们全部消灭了。

天刚蒙蒙亮，韩信和张耳亲率剩余的几千精兵，过了河，穿过那一万人的背水阵，继续向前挑战。

陈馀这边打开营门，杀出几万兵马应战。韩信那边以少战多，相持了一段时间，逐渐退却，一直退到河边。韩信的一万主力军也加入了战斗，因为没有退路，兵将们都拼死战斗。赵军的几万兵马占不着便宜。于是，陈馀把大营里剩下的几万兵马，也都派了上来，冲到河边战斗。他以为，韩信率领的汉军全部在河边，没想到，眼瞅着河边鏖战正酣，扭头一看，自家大营里突然插满汉军旗帜！

这是怎么回事呢？就在韩信派一万主力军渡河时，他还秘密调集了

两千轻骑兵，每人发一支汉军军旗，以大军过河为掩护，悄悄地从旁边的小道上绕过去，在离赵军大营不远的地方埋伏好。韩信料定，陈馀看到汉军投入了全部兵力，背水一战，做出决一死战的架势，他肯定也会倾巢出动，投入全部兵力。这时，赵军大营空虚，全无防备，这两千轻骑兵如闪电一般，斜插进去。把赵军的旗帜全部拔掉，插上汉军军旗。两千支旗，这得有多少兵力啊！

赵军不知道实际情况，都吓坏了：汉军来了多少人啊？

顿时赵军都泄了气，大乱，大溃败。

最终，韩信斩杀陈馀，俘虏了赵王。真就没耽误吃早饭。

手下的将领们都很佩服韩信：韩将军，您是怎么做到的呢？

韩信哈哈大笑：

陷之死地而后生，置之亡地而后存。

（出自《史记·淮阴侯列传》）

咱们带的这些兵大多数都是新兵，将帅士卒之间的那种感情还没有培养出来。这样的兵打仗，没办法团结一心、众志成城，他们只要觉得战况不妙，肯定开溜。而且，咱们以少打多，更是没办法打了。除非把这些兵都放到"死地"，背水而战，没地方逃跑，要想活命就得玩命，为了自己而战，才有机会打赢。所以，就进行了这么一次背水而战。

依我看，韩信所说的并非取胜关键，这无非是项羽破釜沉舟的翻版，光靠这个，并不能取胜。实际是，韩信在项羽的基础上，开发出了一个升级版，加上那支冲入敌方大营的轻骑兵，才是取胜的关键。《孙子兵法》讲：

攻其无备，出其不意。

（出自《孙子兵法》）

做事情靠照搬照抄是不行的，得有创新，才能有奇效。

只可惜，张耳、陈馀那段让人感叹的友谊。两个有智慧与才能的人，半生携手奋斗，结下生死之交，最后却反目成仇，恨得那样深。

第十五回 刘邦搞定项羽的两大思路

公元前205年，刘邦在黄河南的荥阳跟项羽对峙，派出韩信到黄河北，先平了西魏国魏豹，又背水一战灭了赵国陈馀，俘虏了赵王。然后，韩信发现少了一个人，赵将李左车不知去向，立即悬赏通缉：抓到李左车的人赏千金，要活的！

很快，李左车被抓来，韩信亲自上前松绑，请李左车上座，用对待老师的礼节接待李左车，说：李先生，久仰您足智多谋，接下来我想打燕国，请您给指点指点。

李左车谢过韩信不杀之恩，说：

臣闻败军之将，不可以言勇，亡国之大夫，不可以图存。

（出自《史记·淮阴侯列传》）

我这个败军之将、亡国之大夫，哪有什么智谋啊。

韩信：您别谦虚。赵国灭亡，与您无关。您有智谋，却有一个"用与不用，听与不听"的问题，陈馀若是听您的，我现在可能已经没命了。请您千万赐教。

李左车笑了，又客气了两句：

臣闻智者千虑，必有一失；愚者千虑，必有一得。

（出自《史记·淮阴侯列传》）

狂夫之言，圣人择焉。

（出自《史记·淮阴侯列传》）

希望我这愚者、狂夫的一己之见能对您有所帮助。我是这样想的，您若是生拼硬打燕国，当然也能打下来，但会很费劲。兵法云"先声而后实"，先拿声势吓住对方，让对方屈服。如果吓不住，再靠实兵去打。就凭您用这么短的时间拿下魏、赵两国的这种声势，派个使者去燕国走一趟，应当就能搞定。

韩信依计而行，果然，

燕从风而靡。

（出自《史记·淮阴侯列传》）

燕国立即归降。

刘邦很高兴，封张耳为赵王，韩信辅之，让他俩继续与原来赵王和陈馀的支持者们，以及项羽派到黄河北的楚军战斗。

刘邦自己则在黄河南的荥阳继续跟项羽对峙，坚持了整整一年，越到后面越坚持不住。这中间，刘邦想过很多方案对付项羽，大思路无非两条：一是壮大自己；二是削弱敌人。

怎样壮大自己呢？拉人！争取中间派，甚至把亲近项羽的势力都拉到自己这一边。他拉到的最有分量的人就是黥布。

此前，彭城大败时，在逃跑的路上，刘邦想起韩信的那句话："任天下武勇，何所不诛？以天下城邑封功臣，何所不服！"他问张良：

吾欲捐关以东等弃之，谁可与共功者？

（出自《史记·留侯世家》）

　　我要是真拿出大半个天下封出去，自己只要关中，我封给谁呢？谁是那个能跟我共同打下天下的"天下武勇"呢？

　　张良当时早已回归刘邦麾下。他本想支持韩王复国，可是，项羽回到彭城不久就把韩王杀了，他就回来了。张良答：黥布、彭越、韩信。只要这三个人为您所用，打项羽，得天下，没问题。

　　刘邦挺高兴，因为只差一个黥布，而黥布跟项羽之间有裂痕，似乎可以争取。

　　随后，他就跟身边几个文员抱怨：你们这几个胆小鬼，一点儿力也给我出不了！不服吗？谁要不服，就去把黥布给我拉过来，让他为我所用。

　　谒者随何自告奋勇：我不服，我去！

　　于是，刘邦给随何配了20个随从，去找黥布。

　　黥布是什么来头呢？《史记·黥布列传》讲：

黥布者，六人也，姓英氏。

（出自《史记·黥布列传》）

　　黥布是六县人，也就是今天安徽省六安市人，本来"姓英氏"，叫英布。怎么又叫黥布呢？说来话长，他也是底层出身，不过，小时候有人给他相过面，说他：

当刑而王。

（出自《史记·黥布列传》）

　　意思就是，长大了得犯罪受刑罚，然后，还会被封王。

　　结果，成年后，真就犯罪了，被罚黥刑。黥刑又叫墨刑，是中国古代实行时间最长的一种肉刑，就是在脸上刺字，再给刺印涂上墨汁。这个印记得带一辈子，有的人因此一辈子抬不起头。可英布不以为耻，反以为荣，心想：这说明算命的算得挺准，已经应验了一半，往后我就等着封王了。慢慢地，人们就管他叫黥布了。

陈胜、吴广起义时，黥布已落草为寇多年，他带着几百兵马，投奔到番君吴芮麾下。

当时，吴芮也是个很了不起的人物，甚至比萧何、张良、韩信等还要厉害。但史书有关他的记载很少，似乎不显山不露水，却能笑到最后。何谓笑到最后？吴芮笑到了五世孙，他的五世孙仍然袭封，做了汉朝的王。刘邦打下天下后，异姓封王的只有八人：张耳、彭越、黥布、臧荼、卢绾，以及两个韩信，还一个就是吴芮。这八个异姓王的另外那七个，最多传两代家里就会出现变故，封地爵位没有了，多数脑袋也没有了，唯独吴芮的封地爵位传到了第五代。司马迁称其为：

当世仁义成功之著者也。

（出自《史记·惠景间侯者年表》）

意思就是，西汉前期走的道最正、最成功的人臣，莫过吴芮。

陈胜、吴广起义时，吴芮是秦朝的番阳令，名为县令，实际势力很大，可以算是一方诸侯，人称"番君"。

吴芮很欣赏黥布，将其招作女婿，拨给他数千兵马。然后翁婿二人都加入项梁麾下，后来又支持项羽，算是项羽的左膀右臂。

黥布在项羽手下"常为军锋"，巨鹿之战，杀章邯二十多万降军，打刘邦封锁的函谷关，他都是主力，绝对是项羽的第一猛将。随后，项羽分封天下，黥布被封为九江王，吴芮被封为衡山王，跟项羽的西楚都是紧挨着的。

刘邦联络诸侯为义帝报仇时，黥布仍然站在项羽的阵营。因为，义

帝就是项羽授意他和吴芮杀的，没法跟刘邦站在一边。不过，他也没有帮项羽。眼瞅着刘邦攻占了彭城，黥布仍然按兵不动。之前，项羽调他一起去打齐国的田荣、田横，他都没去。总之，黥布跟项羽之间已有裂痕，但表面上还在同一阵营。所以对于刘邦派来的使者，黥布的态度是犹豫的。

黥布没有亲自接见随何，只派了一个手下出面应付。随何等了三天，最后跟黥布的手下讲：请您去跟大王通报一声，我保证几句话就能说服他跟汉王结盟。否则，我们来的这二十多个人的脑袋，你们随便砍！

黥布这才接见了随何。随何其实也没说出什么花来，主要强调了两条：一是您跟项羽之间已有裂痕，项羽早晚得跟您算账；二是汉王肯定能打败项羽。

黥布勉强点头：容我再准备准备，还请您千万保密。

随何刚回到馆舍，便听说项羽的使者也来了，正在跟黥布见面。怎么办？随何立即返回，果然项羽的使者正在跟黥布见面，随何劈头便骂：你快滚吧，大王已经答应跟我们汉王结盟了！

这太突然了，黥布有点儿蒙，也不知道该说什么好。项羽的使者愤然离去。

随何赶紧道歉：大王，我刚才太着急了，请您恕罪。事已至此，请赶紧把这个使者杀掉，立即发兵攻楚吧。

黥布只好照办，发兵攻楚。

项羽大怒，分出一支兵马，由大将龙且带领，来打黥布。一连打了多月，最终，黥布大败，老婆孩子都扔了，只身逃出，来见刘邦。

刘邦正洗着脚，听说黥布来了，点头：好，快进来吧。

黥布进门一看就怒了：洗着脚接见我，拿我当什么了。我把家底都给他拼进去了，他这是瞧不上我。

　　黥布气得急火攻心，根本听不清刘邦在说什么，迷迷瞪瞪地见完刘邦，出了门，气得想自杀。可是，等到了刘邦给他安排的住的地方一看，心情一下子由阴转晴。住的地方比刘邦的规格都高，吃的用的也都是最高规格。随何解释，汉王就是这样，讲实惠，不讲虚的。黥布逐渐塌下心来，又召集了数千旧部，从此成为刘邦麾下一支重要力量。

　　黥布跟龙且打的那几个月缓解了刘邦在荥阳的压力，黥布战败后，刘邦又感觉很吃力。怎么办呢？还得想办法拉人。有一天，郦食其出主意：咱们重新在民间找到六国后人，把他们立为诸侯王，就像当初项梁拥立楚怀王一样。然后，利用他们去拉六国老百姓一块儿打项羽。这不就厉害了吗？

　　刘邦眼前一亮：好主意！你快去准备，把诸侯王印都先刻出来，抓紧办这件事。

　　郦食其领命出去刻印。正好张良来了，刘邦得意地把这种情况一说，张良脸色大变：这是馊主意！真要这么办，大势去矣！如今的形势与陈胜当年的形势不同，那时，陈胜若听从张耳、陈馀建议，立六国的后人为侯，可以让反秦力量遍地开花，胜算更大。如今，天下英雄各有归宿，要么跟您，要么跟项羽。您要是再立六国诸侯，您手下的这些英雄们就都各自保他们去了。您这不是拉人，而是赶人，拆自己的台！

　　刘邦恍然大悟：哎哟，郦食其这老腐儒差点儿坏了我的大事。

　　赶紧把郦食其叫回来，把刻的印都给砸了。

　　对此，东汉史家荀悦有一番精彩评论：

权不可豫设，变不可先图；与时迁移，应物变化，设策之机也。

（出自《资治通鉴·汉纪二》）

　　大意是，凡事都得到哪时说哪时，提前规划未必靠谱。此一时，彼一时，一个好主意，因为时机不同，就可能变成一个坏主意。

　　以上讲的是刘邦拉人，壮大自己，下面再说说刘邦是怎样削弱敌人的。他主要是用离间计，让项羽往外撵人。负责这项工作的是陈平。陈平进言：项羽真正的骨鲠之臣，不过范增、钟离眜、龙且等几个人而已，只要离间了他们几个人，项羽就是孤家寡人，事情就好办了。

> 汉王以为然，乃出黄金四万斤，与陈平，恣所为，不问其出入。
>
> 　　　　　　　　　　　　　　　　（出自《史记·陈丞相世家》）

　　刘邦给了陈平四万斤黄金去运作，随便花，不要发票，不用报销。

　　陈平怎么运作呢？想直接策反这几位，是不可能的，他们对项羽都忠心耿耿，而且都不缺钱。不过，项羽身边的小角色们缺钱，这些人好收买。然后，让这些人制造舆论，给项羽吹风：项王，我听说钟离眜对您有二心。因为，他功劳很大，却没有被封王，有怨言。现在好像暗中跟刘邦有联络。您得防着点儿。

　　项羽一开始时并不信这些谗言，可架不住总听，慢慢地便疏远了钟离眜。有道是"千军易得，一将难求"。钟离眜这样卓越的将领，他不用了。这叫什么？这叫自剪羽翼。

　　可是，项羽太强大了，即便如此，照样压着刘邦打。公元前204年四月，项羽把荥阳彻底包围。刘邦求和：霸王，咱们别打了，和平谈判吧，从荥阳这儿分开，我要西边的，您要东边的。您也为天下苍生考虑考虑吧，别打了。

　　项羽犹豫，范增则力劝猛攻：刘邦求和，只是缓兵之计，说明他快坚持不住了，正宜强攻之。

　　刘邦愁坏了：这怎么办呢？范增这个老家伙太厉害了。陈平，你那离间计怎么没把他给离间了呢?

陈平:您别着急。我正做着工作呢,这也得碰到合适的机会。

正说着,机会就来了,外面来报:项羽的使者到。

陈平:我有办法了,我去接待这个使者。

陈平置办了一桌子最高规格的酒席,招待使者。双方落座,陈平问:使者先生,亚父范增先生派您过来,有什么指教?

使者莫名其妙:您搞错了,我不是亚父范增派来的,我是项王派来的。

陈平脸色立即变得很难看,起身就走,把那个使者晾在那儿了。随后,接待人员换成一个小官,而且更可气的是把那桌丰盛的酒席给撤了,换成了自助餐。

这可把这个使者给气坏了,回去跟项羽一顿吐槽。项羽便对范增起了疑心,范增再说什么,他也不听了。

范增心高气傲,眼里揉不得沙子:项王啊,现在天下打下来了,刘邦那边也没什么大问题,我这老家伙也没用了,得告老还乡了。

项羽没有挽留。范增真就走了,回彭城的路上"疽发背而死",活活被气死了。

第十六回　楚汉争霸的转折点

公元前205年五月，刘邦已在荥阳跟项羽对峙了一年，想尽了办法，最终还是坚持不住了。怎么办呢？跑。什么是军事？军事就是打得赢就打，打不赢就跑。可是，想跑，谈何容易！项羽的楚军把荥阳城围得里三层外三层，水泄不通。插翅难飞！直接突围出去，根本没有可能。怎么办呢？刘邦一筹莫展。

这天，大将纪信来找他：汉王，我有个好办法，能帮您逃出去。

刘邦：兄弟，你说说，什么好办法？

纪信说了一遍，刘邦落泪：兄弟，你别说了，咱们不能这样。

纪信也哭了：您对兄弟恩重如山，这是我应该做的。现在没别的办法了，您别再犹豫了！

刘邦只好答应，依计而行。

当天夜里，纪信扮作刘邦的样子，穿着刘邦的衣服，乘着刘邦的车马，带着两千多个女人装扮成的亲兵，举着白旗，从荥阳东城门出城，边走边喊：别打我们，我们汉王出来啦，城里没有粮食啦，我们投降啦。

为什么用女人装扮成亲兵呢？因为男人们还得在城内坚守，女人们不能打仗，还消耗粮食。但喊话的肯定是男人。

楚军真信了，高呼万岁，以为胜利了，顿时松懈，城西的兵也都跑到城东看热闹。

于是，刘邦留下大将周苛等人继续坚守，自己率领百十来个亲信，驾快马，从荥阳西城门趁机逃出。

项羽在东城门这边，上前一看，不是刘邦，大怒：刘邦呢？

纪信大笑：项羽，我家汉王早走了！

可惜这个忠心为主的纪信随后被项羽活活烧死。这也可以看出刘邦用人的高明，他能得人死力，让手下甘心为他赴死，这一点太了不起了。从兵法上来讲，这正是三十六计之一——李代桃僵的经典案例，弃卒保帅。战争总要有牺牲，这没办法。

刘邦从荥阳逃出后，一直跑回关中，歇息数日，又让萧何给他调集了一队兵马，重新回去救荥阳。谋士辕生进言：汉王，您若直接回荥阳，很可能还会陷入之前那种对峙局面。不如先南下，出武关，到南阳，做出一个包抄项羽的架势来。项羽肯定得拦截，那样，您就坚守不出，以逸待劳。这样，便可减轻荥阳的压力。而且，项羽的兵力被分成三线：河北有韩信，项羽需要对付；中间有荥阳；南边有您。您以静制动，他几头忙活。这样，咱们就好打了。

刘邦照办。项羽只好分兵应付，稍觉吃力。

这时，刘邦的第四支力量彭越也发力了。早前，彭越助刘邦攻昌邑未成功，便继续在巨野泽区域活动。项羽分封天下，也没彭越什么事。

彭越众万余人毋所属。

（出自《史记·魏豹彭越列传》）

田荣反项羽时，拉彭越与之联合。彭越大破项羽手下大将萧公角。然后，刘邦联合诸侯打彭城时，彭越率手下三万兵马正式归于刘邦麾下，刘邦封其为魏相国。彭城大败后，彭越继续在当地打游击。

> 彭越常往来为汉游兵，击楚，绝其后粮于梁地。

（出自《史记·魏豹彭越列传》）

彭越不断威胁项羽后方。项羽眼看老窝又要被端，只好亲自回东边去打彭越。

刘邦乘机北上，夺回荥阳西边的重要城池成皋。

可是，项羽太厉害，很快便把彭越打跑，又杀了回来，并一举攻占荥阳。守将周苛宁死不降，遭项羽烹杀。此前，刘邦还留下魏豹与周苛一起守荥阳，周苛觉得魏豹没根，将其杀害。

地理位置上，成皋跟荥阳相当于前后院，项羽打下荥阳后，立即将成皋包围，刘邦再次身陷绝境，这次怎么办呢？《史记·高祖本纪》写得有意思：

> 汉王跳。

（出自《史记·高祖本纪》）

就像一只蚂蚱，当一只大手从后面拍过来，眼看就要把它拍死时，它一跳，就轻易逃脱了。刘邦在项羽包围成皋的最后一刻，由夏侯婴驾车，只带着几个亲信，从北门逃出。

然后怎么办呢？还回关中搬兵吗？不行，刚从关中出来不到一个月，关中现在也没有兵。哪里还有兵呢？只剩下黄河北边的韩信、张耳手里还有兵，必须用这支兵。

可是，韩信、张耳都不能算刘邦的嫡系，他们跟夏侯婴、萧何、曹参、樊哙等人不一样。夏侯婴、萧何、曹参、樊哙等人与刘邦都是同一块土地上长大的，共同经历了无数磨合与考验结出了深厚的情义。韩信、张耳只是半路才认识的，而且都是有大野心的人，人心隔肚皮，刘邦只带着几个人，跟丧家犬、落汤鸡似的，就想从人家手里把兵权拿回来，这事不太可能。

怎么办呢？刘邦早就想好了，做了周密的准备工作，他要玩个刺激的。当时，韩信和张耳的军队正在修武，与成皋隔河相对，靠东一些，离得不远。刘邦和夏侯婴渡河后，扮作汉王使者，直奔修武。路上有巡逻的人问：你们哪里来的？

答：兄弟，我们是汉王派来见赵王的。

汉王的使者经常过来，太正常了，顺利放行。就这样，谁也没有注意到他俩。刘邦和夏侯婴进了修武，当天晚上住在一家客栈里。

晨自称汉使，驰入赵壁。

（出自《史记·淮阴侯列传》）

次日清晨，两人驾快马突然出现在韩信大营门前，亮出符节：快开营门，汉王急令，要速见赵王和韩将军！

史书没写"亮出符节"，我估计应当有类似的东西，类似特别通行证，守营侍卫一看就得放行。刘邦快马驰入，直接进了张耳和韩信的大帐。张耳和韩信还在睡觉，将军的大印、兵符之类的东西便都被刘邦给收了：快起来，召集人，开会！

韩信、张耳大惊，措手不及，脑子里根本容不得想别的，刘邦迅速掌控局面。

汉王夺两人军，即令张耳备守赵地，拜韩信为相国，收赵兵未发者击齐。

（出自《史记·淮阴侯列传》）

刘邦正式封韩信为赵相国，算是安慰一下情绪。打发韩信和张耳回

去重新征调赵国军队，准备向东攻打齐国。

刘邦重新调配这支夺过来的军队。一部分渡河南下，与从成皋撤出的汉军会合，进驻成皋西的巩县，继续与项羽对峙；另一部分，两万兵马，与彭越会合，继续在彭城周边打游击战，烧粮草，让项羽后方不得安宁。刘邦亲自率领一部分兵马在黄河北岸居中调度。曾国藩所谓：**"坚守已得之地，多筹游击之师。"** 刘邦在打好阵地战的同时又推进游击战，有守、有攻，逐渐找到了感觉。

彭越跟韩信是一个级别的人物，太能打了，他的游击战可不是小打小闹，也是轰轰烈烈，接连夺下项羽的17座城。项羽手下的人根本对付不了彭越，他只好又亲自带兵回去打。临走时，嘱咐驻守成皋的主将曹咎：我到东边去收拾彭越，很快就回来。你记住，只许守城，不能出城打，一定要记住！

曹咎点头：我保证不出战，只坚守，等您回来。

项羽回到东边打彭越确实很顺利，很快又把彭越打跑。可是，曹咎没听他的话。汉军在城外骂阵不绝，曹咎怒而出城，一打，就战败了。刘邦乘势渡河，夺下了成皋，并且打下了荥阳东边的敖仓。敖仓太重要了，这是项羽的粮食储备库！

这是一个转折点！这时是公元前204年的冬天，从此以后，楚强汉弱的形势发生了根本性扭转，以前都是项羽压着刘邦打，以后就变成了刘邦压着项羽打。

这也不单纯是因为刘邦打下了成皋和敖仓，他还有一手牌，出乎项羽的意料，就是打下了齐国都城临淄。

谁打的呢？韩信。不过，这次他打得不算光彩。

齐国可不好打，不像魏豹的西魏国和陈馀控制的赵国，魏豹、陈馀没打过什么硬仗，齐国经历过无数次战争洗礼。控制齐国的田横能跟项羽抗衡，他的两个哥哥田儋、田荣也都是天下数一数二的豪杰。所以，刘邦对齐国做了两手准备。一面派韩信带着从赵国新征调的军队，向齐国进发；一面派出大谋士"高阳酒徒"郦食其去游说齐王，实际齐国主事的是田横，齐王是他侄子，是田横拥立的。

郦食其极富游说之才，而齐王和田横本身又痛恨项羽，当即答应拥护刘邦，共同攻打项羽。并且派出使者给刘邦送信，走缔约程序。郦食其暂留齐国，每日与齐王、田横宴饮作乐。田横本来在西边边境布有重兵严防韩信，随之解除严防。

韩信的大军已逼近齐国边境，听说郦食其已谈成，便想撤军。可是，不怕没好事，就怕没好人。韩信的手下有个叫蒯通的谋士，他进言：您想撤军？开玩笑。汉王给您下令撤军了吗？您要就这样回去，以后还怎么混啊。您想，您带着好几万兵马，打了一年多，才勉强打下赵国50座城池。而郦食其赤手空拳一介书生，到了齐国动动嘴，吃顿饭的时间就把齐国七十多座城池全部拿下。以后，您若与郦食其站在一起，还抬得起头来吗？

蒯通真是名副其实的"小人儒"！孔子教学生时，都要立一个规矩：

女为君子儒，无为小人儒。

（出自《论语·雍也》）

学问、知识是把双刃剑：你把它用在正道上，做好事，做君子儒，那它就能发挥出好的作用；你要是做小人儒，学了半天，都用在干缺德事上，那就坏到底了。

蒯通这个小人儒没有一点儿仁爱、怜悯之心，本可以避免的战争，可以少死无数人。结果，让他这么一激，韩信牙一咬，心一横：打！

打了田横一个措手不及，韩信一鼓作气把齐国拿下。

可怜郦食其，百口莫辩，被烹杀。唉，悲剧，你在高阳老实做你的酒徒，做你的狂生不好吗，六十多岁了非得出这个头，露这个脸，最后落得此结局。可是，默默无闻老死乡间，是不是更大的悲剧呢？

第十七回　刘邦与项羽的单挑

公元前204年的冬天，刘邦占领项羽屯粮的敖仓，韩信占领齐国都城临淄。项羽把大军一分为二，派大将龙且带一支军队去东边打韩信，自己亲率一支军队回西边打刘邦。这一次，刘邦再也打不倒了，楚、汉大军在荥阳与敖仓之间的广武相持数月，项羽粮草不继，渐渐挺不住了。

怎么办呢？有道是，人穷志短，马瘦毛长。到了这步境地，就不能再顾什么面子，项羽使出一个损招儿来。

为高俎，置太公其上，告汉王曰："今不急下，吾烹太公。"

（出自《史记·项羽本纪》）

在两军阵前，架起一口大锅（当时无大锅，仅取其意），大锅下面点着柴火，水在锅里沸腾。旁边楚军押着刘邦的老爹刘太公，向刘邦喊话：刘邦听着，你马上投降，敢说半个不字，就把你老爹给烹了，煲汤喝。

刘邦回话：霸王，你听着，当年咱们在楚怀王手下并肩战斗，结拜为兄弟，你忘了吗？咱们是兄弟！我爹就是你爹。你要是非得烹你爹，随你的便！

则幸分我一杯羹。

（出自《史记·项羽本纪》）

希望你能分给我一碗汤喝！

这意思就是，你就不要把我家人当筹码了，我刘邦不在乎！

项羽大怒：好小子，你不是不在乎吗？我成全你，来人……

项羽的后半句还没说出口，就被叔叔项伯拉住：且慢！

天下事未可知。

（出自《史记·项羽本纪》）

这个仗将来打成什么样，都还不好说，咱们不至于这么做。

且为天下者不顾家，虽杀之无益，只益祸耳。

（出自《史记·项羽本纪》）

有史以来，打天下的人都不会顾及家人！你杀了刘邦的爹，对咱们也没啥好处，起不到什么好作用，只能起到坏作用，让他更恨咱们，打得更拼命。不要太冲动，冷静一点儿。

项羽叹口气：好吧，听您的。可是，怎么办呢？唉，要不这样吧。

于是，他派人给刘邦传话：咱们打了这么多年，弄得天下动荡，百姓遭殃。我看，来个痛快的，咱俩单挑吧。你打赢了，天下归你；我打赢了，天下归我。如何？

刘邦大笑：拉倒吧。

吾宁斗智，不能斗力。

（出自《史记·项羽本纪》）

你倒不傻，你三十多岁，要跟我这五十多岁的单挑，想什么呢？单挑也行，咱俩可以比智力，下盘象棋决胜负行不行？

开玩笑了，象棋棋盘中间有楚河汉界，传为项羽发明，其实无考。

项羽见刘邦拒绝，有点儿气急败坏：来人，去阵前把刘邦给我骂出来，怎么难听怎么骂！

得令！一员楚将立即冲到两军阵前开骂。正骂着，刘邦阵中也冲出一员将领。离着老远，还看不清模样，只听见嗖的一声，一箭射中该楚将咽喉。扑通，该楚将栽倒在地上，死了。

见此情境，又一员楚将冲上去，还没站住脚跟，又被对方射死。

然后，又冲上去一员楚将，又被射死。

楚军被震住了！没人再敢上前，一片死寂。忽然，又有一员楚将冲了上去！

汉军这位神射手叫楼烦，看着楚军阵中又冲出一员将领，急忙拉弓搭箭，瞄准。可是，这一次，他的手却哆嗦了起来，马也哆嗦。那员楚将远看杀气腾腾，二目如电，吼声如雷。楼烦立马吓尿了，马也惊了，调头逃回，再也不敢出来了。

汉军也被震住了：这什么人？太厉害了！

刘邦也好奇：问问去。

手下人报告：来者非别人，正是霸王项羽！项羽亲自上阵，向您挑战。

刘邦也来劲了：好，你真厉害，我也不能认尿，会会就会会。好几年没见面了，我也想他了。

手下拦不住，赶紧进行保卫工作。

刘邦催马迎了上去。

两千年前，在中原大地上，两位好汉来到两军阵前，各自身后都是

数万雄师，那场面绝对是空前绝后。

然后，开打吗？当然不能打，刘邦哪里打得过项羽。打不过怎么办呢？当然就得骂街，这叫君子动口不动手，刘邦就把项羽臭骂了一顿，给项羽列了十条罪状，如杀义帝、坑杀二十多万秦军、火烧秦宫等。项羽，你十恶不赦，怎配跟我单挑？

项羽打仗行，骂街不行，气得满脸通红，手底下一按绷簧，嗖的一声，一支暗箭射向刘邦。

刘邦没有防备，这一箭正中胸口，幸亏是支小箭，力道也小，要不然当场就得被射死。他身子往前一倾，脑子飞快转动，顺势往前一趴，伸手摁住脚，喊了一嗓子：

虏中吾指！

（出自《史记·高祖本纪》）

项羽射中我的脚趾了。

刘邦急忙逃回，直接回到大帐，就不起来了。

刘邦演这出戏干什么呢？当然是为了稳住军心。这是关键时期，将士们要是知道了他身负重伤，军心一散，后果将不堪设想。可是，人们也都不瞎，而且他在大帐里躺了两天，下面说什么的都有。

怎么办？张良进言：您现在说什么也得出去转一圈！打起精神来！让将士们看看您没事，这样才能稳住军心。

刘邦拖着虚弱不堪的身子，忍着剧痛，驾马绕着大营转了一圈，随即驰回成皋养伤。

再说韩信。项羽派去打韩信的龙且是楚军中仅次于项羽的人物，非常厉害，此前打黥布就是他带兵，打得黥布连老婆孩子都没顾上带，便落荒而逃。龙且跟韩信曾是同事，对韩信很了解，很看不起他：韩信以前都混不上饭吃，靠一个漂洗丝絮的大娘养了好几个月，还钻过小混混的胯下，这人要脑子没脑子，要骨气没骨气，我打他都觉得丢人。

而且，龙且带的兵很多，号称二十万，再加上齐王和田横手下的兵马，合在一起，兵力优势更加明显。所以，他就骄傲了，手下谋士的建议全都听不进去了，不屑于采用那种保守而稳健的战略战术，犯了跟陈馀一样的毛病。

公元前204年十一月，韩信带领的汉军与龙且、田横带领的齐楚联军对阵，中间隔着潍河，齐楚联军在河东边集结，汉军在河西边集结。

韩信乃夜令人为万余囊，满盛沙，壅水上流。

（出自《史记·淮阴侯列传》）

临开打之前，韩信连夜派人到潍河上游，用一万多个沙袋筑起一道堤坝，使下游水位大幅降低。

到开打时，韩信先派一半兵力渡河攻击齐楚联军。河水只有齐腰深，蹚着就过去了。打了一阵子，败退，又蹚水逃了回来。

龙且大笑：我说韩信是个胆小鬼吧，这么不禁打，这就想逃吗？传令大军，冲！追！

他带着齐楚联军呼啦啦冲上去，都蹚水渡河。刚渡过去一少半，忽然上游来了大水。原来是汉军把坝打开了，下游水位很快就涨了一两米。蹚不过去了，骑兵也过不去，步兵也过不去。韩信突然发力，把已经渡河的齐楚联军迅速全部歼灭。龙且战死，没有渡河的齐楚联军一哄而散。最后，齐王被俘，田横只能带着残兵败将逃脱。

韩信此役威震天下！

首先，项羽吓坏了。龙且战死，龙且带领的近一半的楚军兵力，也

都完了。接下来，项羽就面临腹背受敌的局面，西有刘邦，东有韩信和彭越。怎么办呢？

此时，刘邦也有压力。韩信派使者给他送来一封信，说：

齐伪诈多变，反覆之国也。

（出自《史记·淮阴侯列传》）

齐国人心眼多，反复无常，而且又紧邻西楚，不好控制。您能否封我为"假王"，也就是代理齐王，以安定民心，稳定社会。

刘邦大怒：我在这儿天天跟项羽死磕，天天盼着他带兵来帮我，他竟然想自立为王？

刘邦正要破口大骂，忽觉脚被人踩了一下，扭头一看，旁边的张良、陈平正冲他挤眉弄眼使眼色。张良小声说：忍住，这不是发脾气的时候，真把韩信惹急了，麻烦可就大了。

刘邦立马语气一变，还是大骂的腔调，但感觉变了：做什么假王，做就做真王。

大丈夫定诸侯，即为真王耳，何以假为！

（出自《史记·淮阴侯列传》）

你们都听着，从今天开始，韩将军就是齐王，齐国那边那一片都封给韩将军了。

立即刻了齐王的大印，派张良给韩信送去。

第十八回　韩信的生死抉择

公元前204年年底，韩信消灭龙且率领的楚军，占领齐国，威震天下。项羽立即派使者武涉前来游说，争取策反韩信。武涉一针见血地指出：刘邦是靠不住的，他有两大缺点。

一是贪得无厌。灭了秦朝后，项王分封天下，诸侯各就各位，多好啊，天下苍生不就都幸福了吗？可刘邦人心不足蛇吞象，打下关中后，又来打项王，非得整个天下都是他的才行。你跟这样的人混，你想想自己能剩下东西吗？

二是忘恩负义。好几次，刘邦都落在项王手里。

身居项王掌握中数矣，项王怜而活之。

（出自《史记·淮阴侯列传》）

项王都可怜他，没杀他，放走他。您别以为真是他自己逃的，其实都是项王手下留情。

然得脱，辄倍约，复击项王，其不可亲信如此。

（出自《史记·淮阴侯列传》）

刘邦只要逃脱了，立刻就翻脸，一点儿也不知道感恩，回来就继续进攻我们项王。他就是一条喂不熟的狼，他现在还没攻击您，是因为项王还在，他还得利用您对付项王。哪天项王没了，您还跑得了吗？

当今二王之事，权在足下。

（出自《史记·淮阴侯列传》）

汉王与项王现在像天平，两边正好势均力敌，正平着，您就是中间的秤砣，您放在哪边，哪边就可以取胜。您与项王又有旧情，您最早起家不还是项王提拔的吗？抓住这个机会，跟项王站在一边，您至少可以拥有三分之一天下，多好！

韩信没搭理，直接就给拒绝了：你说得没错，确实是项王最早提拔的我，可我在他手下，

官不过郎中，位不过执戟。

（出自《史记·淮阴侯列传》）

他只给了我一个芝麻小官，就干点儿秘书、侍卫的活。

言不听，画不用。

（出自《史记·淮阴侯列传》）

我的价值一点儿也体现不出来，所以才转投汉王麾下。汉王怎样待我呢？

汉王授我上将军印，予我数万众，解衣衣我，推食食我。

（出自《史记·淮阴侯列传》）

让我当上将军，给我数万兵马统领，最好的衣服，他舍不得穿，给

我穿，最好的食物，他舍不得吃，给我吃。

言听计用。

（出自《史记·淮阴侯列传》）

我说什么想法，出什么主意，他都全力支持。所以，我韩信才能有今天。我听说有这么个说法：

夫人深亲信我，我倍之不祥。

（出自《史记·淮阴侯列传》）

如果有个人特别亲近我、特别信任我，我却背叛他，那是不祥的，会遭报应的。

所以我，

虽死不易。

（出自《史记·淮阴侯列传》）

即便死了，我也不会变心，绝对效忠汉王！

武涉见韩信态度如此坚决，无计可施，无功而返。不过，还有一个人不死心，那就是韩信手下的大谋士蒯通。他希望韩信背叛刘邦，自立门户，那样他自己也可以跟着韩信封侯拜相。一般，谁给谁出主意，多数都还是从自身的利益出发。

那么，怎么说服韩信呢？蒯通要是还把武涉那套说辞再讲一遍也没意思，他眼珠一转，计上心头，见了韩信，先是闲说话：我以前跟高人学过相人之术，会给人看相。相人，主要看三条：

贵贱在于骨法，忧喜在于容色，成败在于决断。

（出自《史记·淮阴侯列传》）

看一个人的命运，是富贵还是贫贱，就看他的骨骼骨相；看一个人的心思，是忧还是喜，就看他的面色；看一个人的事业，是成功还是失败，就看他的决断力。

以此参之，万不失一。

（出自《史记·淮阴侯列传》）

把这三条弄明白了，看人一看一个准，万无一失。

韩信一笑：噢，那你给我看看。

蒯通往旁边看看：这个……

韩信立即明白，把旁边人都支出去了。

蒯通说：

相君之面，不过封侯，又危不安。相君之背，贵乃不可言。

（出自《史记·淮阴侯列传》）

韩信：什么意思？您能再说明白点儿吗？

蒯通：相君之面，就是按照您现在的想法，效忠刘邦，继续向前走，最多也不过是做一路诸侯，而且还可能做不安稳；相君之背，就是如果您换个角度，换套想法，就能成为一代帝王。以当下的形势，您是天下之权，您帮刘邦，项羽就得死；您帮项羽，刘邦就得死。索性谁也不帮，这就是一个三足鼎立的局面。然后，您慢慢整合黄河以北的燕、赵、齐，形成对刘邦和项羽的绝对优势，最终就可以将他们全部征服。这样您就是天子、帝王！

盖闻天与弗取，反受其咎；时至不行，反受其殃。

（出自《史记·淮阴侯列传》）

现在上天把机会给您了，您竟然不抓住，那就等着后悔吧；时机成熟了却不出手，那就等着倒霉吧。

韩信还是不为所动，说：

乘人之车者载人之患，衣人之衣者怀人之忧，食人之食者死人之事，吾岂可以乡利倍义乎！

（出自《史记·淮阴侯列传》）

坐人家的车，就得给人家分担祸患；穿人家的衣服，就得给人家分担忧愁；吃人家的饭，就得给人家效死力。我韩信能有今天，吃的、穿的、用的，权力、地位、面子，都是汉王给的，我怎能见利忘义呢？

蒯通笑了：您说得真好，您真是重情重义！我很佩服您，也很尊重您。可是，您这样想，汉王未必这样想。即便汉王现在这样想，将来未必不翻脸。远的不说，咱们就说张耳和陈馀吧，这俩人您很熟悉，对吧？曾经的刎颈之交，全天下没有比他俩的友情更深的了，可到最后如何呢？还不是打得你死我活。这是为什么呢？因为人的欲望无穷！

患生于多欲而人心难测也。

（出自《史记·淮阴侯列传》）

人心难测。友情是如此，君臣之情就更靠不住了。越王勾践要是没有范蠡和文仲辅佐，别说灭吴国了，他自己早死很多次了，可是怎么着？最后还不是兔死狗烹，把文仲杀了。范蠡要是跑得慢，肯定也

难逃一死。

> 且臣闻勇略震主者身危，而功盖天下者不赏。

（出自《史记·淮阴侯列传》）

另外，我还听说，武功和谋略已经强到让君主都感到威胁的人，就有身家性命的危险；功劳大到盖过君主的人，就没法再被奖赏。您现在就是这种情况。

> 今足下戴震主之威，挟不赏之功，归楚，楚人不信；归汉，汉人震恐。

（出自《史记·淮阴侯列传》）

刘邦和项羽谁都不会信任您，谁也不敢把您养在手下，您跟谁都是死路一条！

蒯通这番话说出来，韩信冒汗了：您不要说了，我好好想想吧。

蒯通：好吧，您好好想想，我先走了。

过了几天，韩信没动静。蒯通琢磨：看来这把火烧得还不够，我得再给扇扇风。

他又来劝韩信下决心：估计这几天您也想得差不多了。有句话叫：

> 夫随厮养之役者，失万乘之权；守儋石之禄者，阙卿相之位。

（出自《史记·淮阴侯列传》）

"厮养之役"就是砍柴喂马的杂役，类似小跟班、小跑腿之类的活，一个人要是习惯了干这种活，那就得"失万乘之权"——指挥一万辆战车的那种权力与感觉，这辈子就没有机会感受了。

"儋石之禄"就是非常微薄的薪水，一个人要是做个上班族、工薪阶层就挺知足，端着所谓的铁饭碗就舍不得撒手，那么这辈子肯定没机会登上卿相之位。您现在拥有的东西，跟帝王可以拥有的东西还差得远呢！您现在明明有机会争取，还犹豫什么呢？还迟疑什么呢？

故知者决之断也，疑者事之害也。

（出自《史记·淮阴侯列传》）

什么叫智慧？敢想敢干，想到就做，善于决断，就是智慧。犹疑不决向来是做事的大忌，事情坏就坏在犹豫和迟疑上。人为什么会犹疑不决？往往都是因为对细节过于算计，有道是：

审豪牦之小计，遗天下之大数。

（出自《史记·淮阴侯列传》）

一个人要是让那些小细节、小问题占满了自己的心思，那他就没有办法去谋划天下大事。现在我已经把道理给您讲清楚了，您自己应当也已经想明白了，怎么还不行动呢？

智诚知之，决弗敢行者，百事之祸也。

（出自《史记·淮阴侯列传》）

明明知道这事是这个道理，得这么办，可就是下定不了决心去行动，所有的祸患都是这么来的。

夫功者难成而易败，时者难得而易失也。时乎时，不再来。

（出自《史记·淮阴侯列传》）

成功不容易，时机难再来！

蒯通堪称"格言帝"，句句经典。要不要背叛一个人，要不要采取

决绝的行动，怎样让自己下决心，蒯通这番话说绝了。

可是韩信最终也没答应，因为他根本就没想过背叛刘邦，他也不相信刘邦会对自己下手，他坚信自己与刘邦之间的感情是真挚的。仅仅如此吗？刘邦这么精明，对韩信就没有限制防范措施吗？就那么放心、放手把大军都交给韩信吗？

当然不是，韩信手下的两员主要大将曹参和灌婴都是刘邦的心腹。这是史书上写过的人，没写的安插在韩信身边的人肯定也有不少。所以，韩信要想背叛刘邦肯定也不是简单的事。但是，综合很多史料来看，那些人绝不可能制约得住韩信。韩信之所以没有背叛刘邦，说到底还是他没有当帝王的野心，他重感情，感激刘邦，信任刘邦。

反过来讲，这在一定程度上也说明，刘邦善于打感情牌。管理的最高境界是爱。维系一个组织，当然需要制度，而只靠制度是远远不够的，制度只能在常规状态下起作用，在非常规状态下还是要靠感情的。

纪信为了让刘邦可以从荥阳脱身，宁可自己去死；留守大将宁死不降：这都不是制度能规定的。人心都是肉长的，以心换心，这正是儒家的管理思想。儒家的最高品质是"仁"，仁就是将心比心、以心换心的意思。

刘邦的感情牌不单纯是打给高级将领的，也是打给下层官兵的。史书讲：

汉王下令：军士不幸死者，吏为衣衾棺敛，转送其家。

（出自《资治通鉴·汉纪二》）

刘邦率先推行了烈士抚恤制度。这个制度我没有专门研究，估计在当时是其他诸侯没有做的，刘邦做了，这事做得厚道，于是老百姓都乐意归附到刘邦手下。

四方归心焉。

（出自《资治通鉴·汉纪二》）

得民心者得天下。项羽的日子即将到头了。

公元前203年九月，项羽面对跟刘邦、韩信双线作战的局面，要坚持不住了。刘邦乘机又打出了一张牌：请您把我爹、我老婆还给我吧。

项羽：不可能，没门。

刘邦又说：您只要把我爹、我老婆还给我，咱们就可以和谈，约定中分天下，以鸿沟为界，东边归你，西边归我。

项羽答应，归还刘太公、吕雉。然后，项羽引兵东归。

刘邦也想遵守约定，带兵回关中，却被张良、陈平拦住：您还真想遵守约定吗？现在项羽的楚军兵疲食尽，正是消灭他的最佳时机。他要是回去缓上一年半载的，又缓过劲儿来，那可就又不好说了。正所谓：

养虎自遗患。

（出自《史记·项羽本纪》）

后患无穷。

于是，刘邦率领大军越过鸿沟，追击项羽。在固陵追上了项羽。结果，项羽反戈一击，又一次把刘邦打得大败。这里有两个问题。

一是，项羽怎么到了固陵？正常来讲，项羽引兵东归西楚国都彭城，是不经过固陵的。可能是因为被刘邦追击，项羽放弃一直受彭越威胁的彭城，改为南下，准备整合淮南、江东地区的军事力量，继续与刘邦对抗。

二是，都到这时候了，刘邦怎么还打不过项羽呢？因为韩信和彭

越都没跟上来。刘邦本来约了他俩一块儿合击项羽，结果这两人都没跟进。

　　刘邦又气又急：子房，怎么办？

　　张良笑了：您别着急，他俩就是想在这最后关头再要求您一下。彭越现在实际控制着魏地，可是，您没给他封王。韩信虽然被封为齐王，但他家是淮阴的，属于楚地，他心里想当楚王。所以，您现在别犹豫了，赶紧把彭越、韩信的封地疆界都明确好，提前把利益分配的合约签订好，让他俩把心放肚子里，把烧饼攥在手里，他俩立马就能来跟您一起合击。因为，那就不是帮您打项羽了，而是帮他们自己打项羽。

　　刘邦：有道理，就这么办。

　　韩信、彭越果然就带兵跟进。

　　几个月前，刘邦还封了一个王，封黥布为淮南王。项羽南下的一个重要原因是，占领黥布原九江国的那支楚军，这是他寄予厚望的生力军。结果，那支楚军的将领背叛，迎回了淮南王黥布。这一下子，项羽南下的路被堵死了。

第十九回　霸王别姬及项羽失败的原因

　　刘邦给韩信、彭越、黥布封王，几路大军齐心协力围追项羽。公元前203年十二月，项羽兵少食尽，被重重包围在垓下，就在今天安徽省灵璧县境内，淮河北面。

　　一天夜里，项羽忽然听到楚歌，包围他的刘邦大军竟然都在唱楚地的歌。项羽大惊：难道刘邦把我的楚地全占了吗？他的军队里都是我们楚人吗？看来，我是真把民心丢了，老百姓不要我了，大势已去！

　　项羽一泄气，手下的将士们也都泄气了。打仗靠士气，士气没了，仗也就没法打了。

　　怎么办呢？喝酒。项羽夜里借酒浇愁。旁边，虞姬倒酒，跟着一起喝。这是他最心爱的女人。他最心爱的乌骓马也让手下牵进大帐。一手搂着心爱的女人，一手搂着心爱的马，项羽掉泪，慷慨悲歌：

　　力拔山兮气盖世，时不利兮骓不逝。骓不逝兮可奈何，虞兮虞兮奈若何！

　　　　　　　　　　　　　　　　　　（出自《史记·项羽本纪》）

可惜我项羽力能拔山，豪气盖世，向来天下无敌，如今却陷此绝境。虞姬啊虞姬，怎么办呢？

歌数阕，美人和之。项王泣数行下，左右皆泣，莫能仰视。

（出自《史记·项羽本纪》）

虞姬摇曳身姿，歌舞相和，泪如雨下。

歌曰：汉兵已略地，四方楚歌声。大王意气尽，贱妾何聊生。

（出自《楚汉春秋》）

虞姬不能再陪伴心爱的男人，但也不能成为他突围的累赘。在著名京剧《霸王别姬》里，虞姬抢过项羽的宝剑，自刎而死。

接下来，项羽的突围很顺利，他带着八百勇士，一下子就冲出了汉军的重重包围。夜里，汉军看不清突围的是谁；天亮后，汉军才知道项羽跑了，赶紧派出大将灌婴率五千骑兵追击。

项羽先是南下渡过淮河，清点身边的人，只剩下一百多人了。他们继续南逃，到了阴陵迷路了，在一个岔路口，向一位农夫问路，语气急躁生硬，不够客气。

农夫随手一指：左。

好的。项羽调转马头，走左边岔路，走着走着就没路了，眼前是一望无际的沼泽地，这才知道刚才问路不够客气，惹怒了农夫，故意指了错路。这么一个小细节出了问题，就耽误了大事。等项羽再原路返回，就被汉军追上了。

此时，项羽身边只剩下28个勇士，他被数千汉军重重围困在东城九头山。项羽叹口气：完了，弟兄们，今天可能就是我项羽的结局了。唉！这个结局完全是上天的安排，我不服！

吾起兵至今八岁矣，身七十余战，所当者破，所击者服，未尝败北。

（出自《史记·项羽本纪》）

自起兵至今已有八年了，亲自打了七十多场仗，从未败过。可为何突然落得如此境地呢？

此天之亡我，非战之罪也。

（出自《史记·项羽本纪》）

这是上天不公，是天要亡我，我不得不亡，绝不是我打仗不行！我可以证明给你们看，即便现在这种形势，大家听我指挥，照样可以杀其将，夺其旗，从这里突围出去。来吧！

项羽把这28个勇士分成四组，分别从四个方向突围。项羽瞅准一员汉将，冲上去，抬头便将其斩于马下。另一员汉将飞马来追，项羽回头一瞪，该汉将人马俱惊，蹿出好几里地才稳住。

项羽这四组勇士很快都冲出了第一层包围，顺利会合。

汉军又围了上来，项羽又组织了一次突围，又杀了一员汉将，顺便杀了上百士卒，竟然又成功突围而出，手下只折损了两人。

项羽问：弟兄们，我说得怎么样，是"天之亡我，非战之罪"。

手下都服了：确实如此，真是天道不公！

接下来，项羽便逃到了乌江亭，就是现在安徽省和县乌江浦，是长江西岸的渡口。此处长江为南北走向，东岸便是江东。

乌江亭亭长已在此等候多时。他为什么在这儿等着呢？自然是项羽提前有安排，史书不可能写得这么详细，这是不言自明的，这么重要的撤退，肯定整条路线都有准备。

乌江亭亭长看到项羽到来，赶紧拜迎：项王快上船，这一带我都安排好了，别的船都已烧毁，您只要过了江，就安全了。江东地方千里，还有数十万百姓，以后还有机会。快上船吧。

项羽没动，愣在岸边，望着滚滚长江，若有所思。后有诗词咏之：滚滚长江东逝水，浪花淘尽英雄。是非成败转头空。青山依旧在，几度夕阳红。

项羽突然笑了：亭长老兄，谢谢你，这匹马跟了我五年，所当无敌，日行千里，送给你吧。弟兄们，是天要亡我，我不得不亡，渡江又有什么用？况且，当年江东八千子弟兵随我项家出来打强秦，打天下，如今一个也没能回去，纵然江东父老能原谅我，我又有什么脸面再见他们啊？对不起了！

说完，项羽带着他的二十多个勇士，返身冲向渐渐追上来的汉军。

短兵相接，项羽如虎入羊群一般，又斩杀数百个汉军，身负十余处重伤，渐渐不支。他抬头，正好看到一个叫吕马童的汉将，于是大喊一声：这不是老吕吗？我听说，刘邦悬赏千金外加万户侯爵，要我这颗脑袋。我给谁不是给，就送给你了！

说完便自刎而死。

在场的几个汉军将领立即都冲了上来，把项羽给分尸了。当然，之后这几个汉将都被刘邦封侯了。

很快，整个楚地几乎都投降了。

楚地皆降汉，独鲁不下。

（出自《史记·项羽本纪》）

唯独鲁地的几座城不投降，这是为什么呢？因为当年楚怀王封项羽为鲁公，项羽是鲁地的君主。鲁地作为孔子的父母之邦，是儒家发源地，最讲忠君报国，所以誓死效忠项羽，不投降。

刘邦大怒，想派重兵把这几座城全攻下。又想：算了吧，不能那么做，得转换角色，以后坐天下就得鼓励这种忠君报国的精神。

于是，刘邦派人带着项羽的人头，到这几座城走了一圈，晓之以理，动之以情。鲁地军民一看项羽真死了，才死了心，投了降。

然后，刘邦干脆以鲁公之礼，把项羽安葬在鲁地谷城，现在这个地方属于山东省泰安市。

> 汉王为发哀，泣之而去。
>
> （出自《史记·项羽本纪》）

刘邦亲自为项羽发丧，大哭一通，其中滋味，只有他自己能体会吧。然后，刘邦没有对所有项家人进行清算，没有夷三族诛九族，反而给项伯等项家人都封了侯爵和土地，并赐姓为刘。

说到底，刘邦和项羽争的是天下，是大丈夫之间光明正大的较量，没玩卑鄙下流的小人手段，没有纯粹个人的恩怨。可惜，这种风度、气概后世不多。

对于项羽的结局，后人多抱以同情，多视其为失败的英雄，很大程度上是因为司马迁对他的肯定。那不是一般的肯定，而是至高的肯定。《史记》以帝王本纪开篇，先为《五帝本纪》，依次为《夏本纪》《殷本纪》《秦本纪》《秦始皇本纪》，然后为《项羽本纪》，接着为《高祖本纪》，即刘邦的本纪。项羽排在刘邦之前，秦始皇和刘邦可以说是历史上比较厉害的帝王，项羽排在他俩中间。为什么这么安排呢？因为司马迁认为，项羽足够伟大。他说项羽：

> 然羽非有尺寸，乘势起陇亩之中，三年，遂将五诸侯灭秦，分裂

天下，而封王侯，政由羽出，号为"霸王"，位虽不终，近古以来未尝有也！

（出自《史记·项羽本纪》）

项羽本来只是一介平民，不论他祖上是什么贵族、名将，到他这儿，他只是一个混迹民间的平民。要什么没什么，可就生生乘着陈胜、吴广起义天下大乱之势，一举崛起，只用了三年时间，便率领各路诸侯推翻了强大的秦帝国。然后，项羽分封天下，实际已是一代帝王。虽然好景不长，结局惨淡，但他的成就在那儿，他的成就是"近古以来未尝有也"，几乎是有史以来没有过的。

司马迁如此褒扬项羽，或许，也带着一点儿不满刘氏皇权的情绪；或许，是一种挑战强权精神的标举，包括为刺客立传也是强调这一点。总之，他将项羽列入帝王本纪是一个引发历代读者深思和想象的问题。

那么，司马迁如何评价项羽的失败？他认为项羽失败的原因是什么呢？他说了两句话。第一句话是：

及羽背关怀楚，放逐义帝而自立，怨王侯叛己，难矣。

（出自《史记·项羽本纪》）

这句话点出了两个问题。一是"背关怀楚"，放弃关中，重回楚地建都彭城，这是一大失误。关中是王者用武之地，彭城则是四面受敌之地。更重要的是，如果项羽自己在关中待着，刘邦再加上两个脑袋，恐怕也不能从汉中打出来。

二是"放逐义帝而自立"，一个"自立"，就把以往凝聚人心的道德感、号召力破坏殆尽。没道理、没理想、没信念，谁还跟你打天下，项羽也就失去了天下人心。

第二句话是批评项羽：

自矜功伐，奋其私智而不师古，谓霸王之业，欲以力征经营天下。
五年卒亡其国，身死东城。

（出自《史记·项羽本纪》）

"自矜功伐"，自我感觉良好，以为自己能征善战，能打；"奋
其私智"，对自己的智力自信满满，认为自己什么都懂，什么都明白；
"不师古"，不读书，不读史，不懂得借鉴古人的经验；"谓霸王之
业，欲以力征经营天下"，他以为征服天下全凭霸道，只靠一个"打"
字，谁不老实，我就打谁，这就太简单粗暴了。最终，项羽只当了五年
霸王，便把天下弄丢了，身家性命也保不住。

总之，司马迁认为，项羽所谓的"此天之亡我，非战之罪也"，是
荒谬的，完全是因为他自己在与人相处上没有处理好，才一步一步走上
失败的不归路，怨不着天。

这是司马迁的分析与评价。司马光将其引用到《资治通鉴》里，说
明他也赞同司马迁的这个评价。司马光还引用了西汉扬雄的一个评价：

汉屈群策，群策屈群力；楚憨群策而自屈其力。屈人者克，自屈
者负。

（出自《资治通鉴·汉纪三》）

"屈"，可以理解为驱动的"驱"，汉王刘邦胜在他能群策群力，
驱动一群人研究策略，再用这些策略驱动更大群体的力量；楚王项羽正
好相反，只靠自己，所以失败。

"屈人者克，自屈者负"，简单讲就是，用人者成，自用者败。

第二十回　刘邦的用人智慧

公元前203年十二月，项羽自刎于乌江，楚汉争霸以刘邦完胜告终。刘邦把项羽安葬在谷城后，返回洛阳。此前刘邦跟项羽在荥阳、成皋抗衡，洛阳算是刘邦的一个后方基地，又是东周古都，他打算定都于此。在回洛阳的路上，刘邦主要做了两件事。

一是再次夺韩信军权。

还至定陶，驰入齐王壁，夺其军。

（出自《史记·高祖本纪》）

大军回至定陶，刘邦又故技重施，突然冲进韩信的军营、大帐，收回军权。这真是一物降一物。韩信不懂得亡羊补牢的道理吗？或许他懂，只是没有用。

二是即位成为皇帝。

乃即皇帝位于汜水之阳。

（出自《史记·高祖本纪》）

公元前202年二月，中国历史上第一位平民皇帝刘邦即位，汉朝正式建立。

天下大定。高祖都雒阳，诸侯皆臣属。

（出自《史记·高祖本纪》）

定都洛阳，刘邦大宴文武百官，他非常开心，问大家：你们都说说，我为什么能得天下，项羽为什么失了天下？

有大臣回答：

然陛下使人攻城略地，所降下者因以予之，与天下同利也。

（出自《史记·高祖本纪》）

因为您的激励机制好，财散人聚。您派将领攻打城池，经常是谁打下来就封给谁。在您手下干，能共享胜利果实，有获得感，所以将领都拼命跟您干。而项羽没有这样的激励机制。

战胜而不予人功，得地而不予人利，此所以失天下也。

（出自《史记·高祖本纪》）

项羽手下的将领们攻下城或打了胜仗，都得不到好处，好处都落到项羽自己的兜里，不跟手下分享，不分红，人们干得都没劲。所以，您得天下，他失天下。

刘邦点头：不错！不过，还有更重要的一层原因你没说出来。刘邦讲：

公知其一，未知其二。

（出自《史记·高祖本纪》）

什么是更重要的原因呢？我告诉你吧。

夫运筹策帷帐之中，决胜于千里之外，吾不如子房。

（出自《史记·高祖本纪》）

论谋略，谋划制定整个大的战略，在这方面的智力、见识，我不如张良。

镇国家，抚百姓，给馈饟，不绝粮道，吾不如萧何。

（出自《史记·高祖本纪》）

论镇守国家，安抚百姓，征集粮饷，这种治理才能，我不如萧何。

连百万之众，战必胜，攻必取，吾不如韩信。

（出自《史记·高祖本纪》）

论打仗，带兵百万，攻无不克，战无不胜，这种军事才能，我不如韩信。

此三者，皆人杰也，吾能用之，此吾所以取天下也。

（出自《史记·高祖本纪》）

这三位都是人杰，是人中龙凤，都比我强，却都能为我所用，所以我能得天下。

项羽有一范增而不能用，此其所以为我擒也。

（出自《史记·高祖本纪》）

项羽的手下范增也是人杰，可是项羽不会听取范增的意见，所以他败给我。

这一番关于事业成败、知人用人的君臣对话堪称经典！《中庸》谓

"财聚则民散，财散则民聚"，老子谓"知人者智，自知者明"，孔子谓"三人行，必有我师焉"，刘邦则是这些中国传统思想智慧的成功实践者。

虽然项羽死了，但他手下的好多人才，以及其他一些敌对势力，逃的逃，藏的藏。怎么办？两手抓：一手抓打击，一手抓招安。

比如，项羽手下的大将季布，以勇猛闻名。

项籍使将兵，数窘汉王。

（出自《史记·季布栾布列传》）

刘邦好几次差点儿被季布杀死，于是刘邦悬赏千金通缉季布，有敢窝藏季布的人，罪及三族。

不过，照样有人敢收留季布。什么人呢？用韩非子的话讲，此人就是侠者。

以为儒者用文乱法，而侠者以武犯禁。

（出自《史记·老子韩非列传》）

在韩非子看来，儒者和侠者，都是国家管理的难题。秦末天下大乱的主要力量就是这两类人：刘邦、项羽、张耳、韩信等类似侠者；萧何、范增、陈馀、郦食其等类似儒者。苏东坡在《六国论》中分析六国之所以能生存较久，而秦朝之所以快速灭亡，其原因就在于：秦始皇不懂得养门客的好处。秦始皇应当效仿六国，把儒者、侠者以及"智、勇、辩、力"之类的人都想办法养起来，而不应该放任这些人在民间。

纵百万虎狼于山林而饥渴之。

（出自苏轼《六国论》）

这些都是有能力的人，如狼似虎，把他们放在民间，他们不会甘心种地、安分养家，只会"咬人"和造反。

而且，他们通常容易形成组织性，尤其是侠者。司马迁以"游侠"称"侠者"，讲：

> 其行虽不轨于正义，然其言必信，其行必果，已诺必诚，不爱其躯，赴士之厄困。

（出自《史记·游侠列传》）

侠者讲义气，言必信、行必果，说到做到，为了朋友弟兄能两肋插刀，万死不辞。季布在从军之前，就是这么一位侠者。

> 为气任侠，有名于楚。

（出自《史记·季布栾布列传》）

所以，季布也有很多侠者朋友。项羽失败后，他先是藏在濮阳一个姓周的朋友家里。有一天，这位姓周的朋友跟季布说：现在刘邦通缉您，风声太紧，据说马上就得搜到咱们这儿了。怎么办呢？我想了一个办法，只是怕您这样的盖世英雄，受不了这个委屈。

季布：能有什么委屈，你说吧。

老周：我说了，您可必须听兄弟的。否则，您要是让官兵抓住，咱们都得死，那我干脆现在就自杀，死在您前面。

季布：没那么严重，你说吧。

老周：好吧，我说。现在我保不了您，但是鲁人朱家应当可以保您，没人敢搜他家。虽然，咱们之前跟他没什么交情，但他肯定知道您。我是这样想的，近期我联系一下他，卖给他十几个奴隶。您可以混在这些奴隶中间，到他家去当奴隶，就能躲过此劫。

季布脸色大变：这……

季布可是天下一流的猛将，为人刚烈，威武不屈，现在竟然要卖身为奴，什么尊严都没有了。季布会答应吗？他想了想，一咬牙：好吧，兄弟，我听你的。

乃髡钳季布。

（出自《史记·季布栾布列传》）

于是，季布把头发剃光，换上破烂的粗布衣服，脖子上拴一个铁箍，就跟牲口似的，扮成了奴隶的样子。当时的奴隶就是这样。然后，季布被装在车里，送到了朱家的家里。

朱家，姓朱名家，是当时著名的侠者，眼力不凡，很快就识破了季布，他却不挑明，将季布视为普通奴隶，安排了一些工作。然后，悄悄嘱咐儿子们：这个奴隶务必优待，得让他吃好喝好。

几天后，朱家离家，去洛阳见了滕公夏侯婴。

夏侯婴见朱家来很高兴：哪阵风把您吹来了，有什么事吗？好不容易来一回，可得在我这儿多住几天。

朱家：没事，就是来看看您。

于是，朱家在夏侯婴家里住下，夏侯婴每天都叫一帮朋友来陪朱家喝酒。这天，只有他俩闲唠嗑，唠着唠着，朱家便扯到了季布：皇上为何那么恨季布呢？通缉搞得那么紧张。

夏侯婴：你不知道，季布好几次差点儿就把皇上杀死，不抓着他，皇上那口气出不来啊。

朱家接着问：季布这个人，我还真没什么交情，不大了解，您说说，他到底是个什么样的人物呢？

夏侯婴：这人是个英雄，了不起！只可惜跟错人了。

朱家跟进：我明白了。依我之见，皇上这就不大对了。季布之前既然跟着项羽，当然就得对付皇上，各为其主嘛。项羽手下的人多了去了，还都不放过了吗？那样，皇上的度量岂不是太小了，不得让天下人耻笑吗？再者说，季布这样的人才，真把他追急了，他准得投奔匈奴或南越，将来若是帮着他们带兵攻打咱们，咱们不就亏大了吗？这层意思，您应当跟皇上交流一下才好。

滕公立即明白了朱家的来意：有道理，我去跟皇上说说。

刘邦经夏侯婴劝说，立即赦免了季布。随后，亲自召见季布，并留他在身边做郎中。最后，季布成为西汉一代名将。

> 当是时，诸公皆多季布能摧刚为柔，朱家亦以此名闻当世。
>
> （出自《史记·季布栾布列传》）

当时的人们都盛赞季布能"摧刚为柔"。原本那么刚猛的人，肯定是不怕死，视死如归，荣誉、面子比生命重要得多。可是，季布偏偏表现出一副"贪生怕死"的样子，宁可卖身为奴，放弃尊严，也求活命。这是为什么呢？司马迁认为：

> 彼必自负其材，故受辱而不羞，欲有所用其未足也，故终为汉名将。
>
> （出自《史记·季布栾布列传》）

这肯定是因为他有信念，他坚信自己还有未完成的使命，无论忍受怎样的耻辱，也要活下去。正所谓：

> 贤者诚重其死。
>
> （出自《史记·季布栾布列传》）

有能力的人，必然慎重看待死的问题。

夫婢妾贱人感慨而自杀者，非能勇也，其计画无复之耳。

（出自《史记·季布栾布列传》）

很多寻常的小人物，遇到点挫折、屈辱，动不动就自杀，那不是勇敢，是没能力，不足为道。

很明显，司马迁这番话也是说他自己的。他被施以宫刑，"诟莫大于宫刑"，肯定也想过自杀，而季布摧刚为柔的事迹肯定给了他莫大激励。于是，司马迁含羞忍辱，坚持活着，写成《史记》，完成了人生使命，实现了人生价值。这正体现了历史之于人生的意义。

朱家冒着夷三族的风险，救了本无交情的季布，为了什么？后来，季布重新显贵，朱家"终身不见也"，一辈子也没去见过季布。我什么也不图，只看你是个英雄，死了可惜。这就是侠者！

季布的老舅丁公也是项羽的手下。当年，彭城大战，刘邦惨败，为了逃得快一点儿，甚至好几次把孩子从车上踹下来。可中间其实还是被楚军追上了，当时追击的楚将正是丁公。刘邦拼死力战，虽不落下风，但他很害怕后面再有楚军追上来。怎么办呢？刘邦情急之下，冲丁公喊了一嗓子：

两贤岂相厄哉！

（出自《史记·季布栾布列传》）

好汉何必为难好汉！各自给自己留条路不好吗？

丁公竟然就把刘邦放了。

随后，刘邦当上了皇帝，丁公便主动来找刘邦，心想：怎么也得给我封个千户侯吧？要不是我放了他，他早就死了，还当什么皇上。

结果，丁公一见刘邦，就被刘邦绑了，扔进死囚车里，游街示众：你们都看看，要不是有这种不忠不义的手下，项羽不可能失天下。这种人，该杀！

于是刘邦就把丁公杀了。

而对差点儿杀了他的季布，他却将其封官，这反映出，刘邦悄然间开始从打天下的思维向守天下的思维转换。如果，现在还在打天下，他处理季布和丁公的方式肯定是截然相反的。关于这种思维转换后面再讲，这里再讲一个刘邦要招安的人——田横。

此前，田横答应郦食其支持刘邦，却遭韩信突袭，随后联合龙且，又被韩信击败。最后，只剩下五百多名壮士，投奔了彭越。刘邦成为皇帝，彭越被封为梁王，田横感觉彭越靠不住，只好带着他的五百多名壮士逃到了海中的小岛上。

刘邦派使者去海岛招安：现在仗打完了，一切都过去了，你赶紧回来吧。

田横婉拒：使者先生，请你替我谢谢皇上，我不能回去。当年我烹了郦食其，现在他弟弟郦商是皇上的大将，我怕他复仇。我愿终生为皇上守此海岛。

郦商很厉害，当年郦食其投奔刘邦时，郦商手下就有几千兵马，随后他也投在刘邦麾下，战功卓著。

刘邦听完使者回禀，便把郦商找来：

齐王田横即至，人马从者敢动摇者致族夷！

（出自《史记·田儋列传》）

我得让田横回来，你小子要是敢报仇，你一家子都别想活！

刘邦到死都是这个样子，这么粗野。郦商赶紧遵命。刘邦又冲使者交代：你都听见了吧，把这种情况告诉田横，让他放心回来。

田横来，大者王，小者乃侯耳；不来，且举兵加诛焉。

（出自《史记·田儋列传》）

田横只要回来，就可以封王封侯；如果不回来，我就派兵过去把他们杀光！

这一次，田横没办法，只好带着两个随从，跟着使者，一起来见刘邦。眼看着，还有三十多里就要到洛阳，正好有个驿站，田横对使者说：马上就要见皇上了，我们得洗个澡，沐浴更衣，这样显得恭敬。

使者：好吧，你们洗洗吧。我们出去等会儿。

使者出去后，田横对随从讲：两位贤弟，我跟刘邦本是平起平坐的诸侯，现在人家是天子，我是阶下囚，这已是大耻辱。而且，我把郦家兄长烹杀，却要和他的兄弟同殿称臣共事，即便人家不敢杀我，我心里又怎能无愧啊？刘邦不是想见我吗，就让他见我的人头吧！路不远了，也变不了样子。

说完就自杀了。

很快，田横这颗鲜活的人头被送到了刘邦面前。

刘邦感慨万千：了不起，田家兄弟起自布衣，三人轮流称王，了不起！这是何苦嘛！

他痛哭流涕了一番。然后，以王的规格厚葬田横。并且封田横的两位随从为高官。可是，葬礼后，这两位随从不见了，找不着了。哪儿去了？好一通找，最后，发现这两人在田横坟墓上挖了个洞，钻了进去，自杀在田横身边！

刘邦大惊：看来田横身边这些人都是大贤，都是有血性的壮士，这些人必须都招来，为我所用。

　　刘邦赶紧再派使者，去请海岛上的那些人。结果，岛上的五百壮士听说田横三人自杀，没有一个跟使者走，全部自杀，一起赴死！

　　每次读到这里，我都是热泪盈眶。壮哉！这就是名将，这就是两千年前的中国勇士，这就是生死相许！

第二十一回　刘邦的智囊团队

刘邦即位成为皇帝，本打算定都于周朝故都洛阳。对此，有一个叫娄敬的底层人物不以为然。他是齐人，去陇西边塞服役，途中经过洛阳时，找到一个当大官的老乡，说：请帮我搭个桥，我想见见皇上，给他出个主意。

当时国家刚刚创立，还没那么森严的等级，刘邦真就同意召见娄敬。

老乡跟娄敬说：皇上要召见你，你这身破衣服都穿了三四年了，我给你换身新的吧。

娄敬：不用。

臣衣帛，衣帛见；衣褐，衣褐见。

（出自《史记·刘敬叔孙通列传》）

咱不弄那些虚的，平时穿啥，见皇上也穿啥。

于是，娄敬破衣烂衫地来见刘邦。

刘邦：你要给我出什么主意？

娄敬：我先问您吧，您定都洛阳，是不是想跟周朝学？

刘邦：没错，我就是这么想的。你怎么看？

娄敬：我说了，您可别生气。您跟周朝可比不了，周朝在创立之前，周文王、周武王的祖先已经过十几代的积累，武王灭商近乎水到渠成，天下归心。随后，周公把洛阳作为陪都，是因为洛阳位于"天下之中"，方便各诸侯国来朝贡。可是，洛阳有一个大问题，就是没有什么像样的山川险阻，易攻不易守。周公也因此希望后世周朝君主戒骄戒奢，做有德之君。因为，一旦出现叛乱，洛阳难以守住。正所谓：

有德则易以王，无德则易以亡。

（出自《史记·刘敬叔孙通列传》）

在太平时，洛阳是定都的好选择；而在天下大乱时，洛阳就不是好选择。如今，天下大乱刚刚平息，可不太平啊，您若定都洛阳，在这儿坐天下，恐怕坐不稳。

刘邦点头：有道理。依你之见，当定都在哪里？

娄敬：关中！还是秦朝故都最好。

且夫秦地被山带河，四塞以为固。

（出自《史记·刘敬叔孙通列传》）

有山河险阻，地势易守难攻，而且关中土地肥沃，人多，粮多。即便天下再有大乱，您也足以自保。这就像跟人打架一样，怎么样才算把对方制伏呢？必须得把对方的脸朝下摁在地上，一手掐住他的脖子，一手把他的胳膊拧到后背上摁住，这叫：

搤其亢，拊其背。

（出自《史记·刘敬叔孙通列传》）

把国都定在关中，掌控天下的形势，正是如此。

此亦搤天下之亢而拊其背也。

（出自《史记·刘敬叔孙通列传》）

刘邦很兴奋，心说：这真是人不可貌相，这家伙穿得像个放羊的，说出来的话却头头是道。

他扭头问旁边大臣们：你们都听到了吧，感觉怎么样啊？

大臣们都反对。刘邦手下这些人都是洛阳周边的人，沛县到洛阳不过几百里，他们祖祖辈辈都在这里生活，中国人安土重迁，都不乐意：关中那么远，去那儿干什么呀？关中好吗？秦朝传到二世就灭亡。洛阳不好吗？周朝传了数百年。您怎么还听这个土老帽儿的话呢？

只有张良没说话，刘邦问他的意见，张良一笑：我同意定都关中。洛阳居天下正中，四面受敌，真要再打起来，很难坚守，而关中地势得天独厚。

阻三面而守，独以一面东制诸侯。

（出自《史记·留侯世家》）

关中的西边、北边、南边，三面都有大山围着，是天然屏障，受不到外面什么威胁，只有东边留着个关口，可以进出控制天下。太平时，天下的物资可以通过黄河、渭河运到关中来；不太平时，大军可顺流而下，调运军队非常方便。而且关中的农田水利工程，经过秦国数世经营非常发达，如郑国渠等，关中的粮食产量很高。

此所谓金城千里，天府之国也。

（出自《史记·留侯世家》）

刘邦大悦：好！就这么办，吃完饭咱们就出发，去关中！哎，这个老乡叫什么来着？

娄敬：我叫娄敬。

刘邦：什么？刘敬？

娄敬：不是，我叫娄敬。

刘邦：行了，以后你就叫刘敬吧，给我当个郎中，干个秘书顾问什么的吧。

于是，娄敬被赐刘姓，成了刘敬，青史留名。刘邦真就听从他的意见，定都关中。这么大的事，竟然只是这样一个小人物出的主意，不可思议吧？对此，司马迁不禁感慨：

> 千金之裘，非一狐之腋也；台榭之榱，非一木之枝也；三代之际，非一士之智也。

（出自《史记·刘敬叔孙通列传》）

最名贵的裘皮大衣，都是用多只狐狸腋下的那一小块毛皮，拼接缝制出来的，不可能只用一只狐狸的；修建楼台亭榭需要大量的木头，绝不是一棵树的枝子就够用的；夏、商、周三代的事业，也绝不是仅凭一两个才智贤能之士所能包办的。刘邦从一个平民百姓到打下天下，手下必定有无数能人智者，可是他们照样有想不到、想不周全的地方，得让刘敬这样一个过路的、打酱油的来提定都的建议。可见：

> 建万世之安，智岂可专邪！

（出自《史记·刘敬叔孙通列传》）

做大事业，绝不能仅靠少数几个人的才智，更不能一个人独断专行，不能搞独裁。

　　刘邦定都关中，准确地说是定都长安。长安本是秦都咸阳的一个乡，战乱损坏严重，刘邦派萧何主持修建宫城，他暂时在长安东北的栎阳住了一年多，栎阳此前是他在关中的大本营。随后，未央宫建成，他才正式搬入长安。不过，洛阳算是陪都，刘邦待在洛阳的时间很多。

　　定都后的一年间，还有几件大事发生，史书里，有的只是一笔带过，比如，刘邦平定了燕王臧荼的造反，杀掉臧荼，换成自己的发小卢绾当燕王；张耳、吴芮去世，诸侯王位由他们的儿子继承。有的写得详细，比如，刘邦把楚王韩信又收拾了一通，降成了淮阴侯。这个，后面再细讲。

　　刘邦把韩信从王降成侯，可能也是为了接下来封赏功臣更显公平。因为，其他几位被封王的，张耳、吴芮、黥布、彭越、韩王信等都算是盟友，而非嫡系。卢绾类似刘邦家人，另当别论。对于嫡系的手下功臣，刘邦决定只给封侯。封侯也要排个座次，功劳大的排名靠前、食邑封地多。除了韩信，谁的功劳最大呢？

　　刘邦亲点：萧丞相功劳最大，封酂侯，哪到哪的那几万户封给你吧。哦，对了，我记得当年，有一次我去咸阳出差，好几个同事、弟兄都给我送了几块钱当路费，你比别人多给我两块。有这事吧？

　　萧何：这是哪年的事啊，我早忘了。

　　刘邦：你忘了，我没忘。好吧，一块钱一千户，我再多封给你两千户，我不欠你这个情。

　　有几位大将不服气：我们天天给您冲锋陷阵，身上受了那么多伤，扎了那么多窟窿眼。萧何只干点舞文弄墨的活，从来没上过前线，凭什么他的功劳最大？

　　刘邦大笑：你们懂什么！这就好比打猎，在前面追兔子的是猎狗，

而猎狗必须得有人在后面指挥。最后，这只兔子逮住了，你说是猎狗功劳大，还是后面指挥的人功劳大？你们就是那只猎狗，萧何就是那个人！

这几位大将一缩脖子，心说：又来了，当了皇帝还是这个样子。

没人敢言语了。

还有谁功劳大呢？张良。

刘邦：子房，齐国那边地好，你看着随便挑吧，给你三万户。

张良一笑：谢谢皇上，我不要这么多。我能追随您，都是上天注定，您还记得咱们第一次见面的地方在哪里吗？

刘邦：我当然记得，当时我刚拉起队伍来，去投奔景驹，在留城遇到的你。

张良：对，就是留城。您就把留城封给我吧。

刘邦：不行，留城太小了，才几百户人家。

张良坚持。

刘邦只好同意：好吧，要都像你这么谦让，咱们的分封工作就好做了。

就这样，封了二十多个功臣，有万户侯、有千户侯。

其余日夜争功不决，未得行封。

（出自《资治通鉴·汉纪三》）

另外，还有好多功臣来争功，封少了都不干，甚至来找刘邦哭的、闹的都有。刘邦很头疼：好吧，这事先放放，萧丞相，你们再好好研究研究，以后再封。要不，先把我刘家的子弟们都封了吧。

于是，刘邦的兄弟、子侄，都被封了王。这些人都是皇族，功臣们也没什么可攀比的。当时的观念还都是家天下，天下都是刘家的，人家愿怎么封就怎么封。而且，这也是效仿周朝的做法，是对秦朝郡县制的改革。准确地说，刘邦实行了一种封建制与郡县制并存的制度。此时，初建的汉帝国版图，大致是一个以长安为圆心向北、东、南辐射的扇形，靠近圆心的地区为朝廷直属郡县，靠外的地方则分封为若干诸侯王国。

分封工作告一段落，这天，刘邦发现那些没被分封的将领，三五成群地在一起嘀咕，他问张良：你发现了没有，他们在嘀咕什么呢？

张良表情凝重：他们在搞串联，要谋反！

刘邦大惊：何出此言？天下刚太平，为何谋反？

张良：这一段时间，您的家人和最亲近的功臣，封王的封王、封侯的封侯，而以前对您不满意的，跟您有仇怨的人，您也杀了不少。这些还没被封的将领都很紧张，之前都跟您这么久，哪个身上没点儿过失，以前是打仗用人之际，您都宽容、包容他们，现在他们怕您秋后算账。所以都正琢磨谋反呢。

刘邦：那怎么办？

张良：我问您，在这些将领里面，您最讨厌谁？

刘邦脱口而出：我最讨厌雍齿！刚起兵那会儿，我让他守着我老家丰城，我自己带兵出去打仗，结果等我回来，他愣是叛变了，带着丰城向周市投降。从这往后，还有好几次，都弄得我心烦，但是他给我立过不少功，所以我一直忍着，不忍心下手杀他。

张良：好了，您听我的，立即给雍齿封侯，就全解决了。

刘邦照办。

一下子危机全都化解了。还未获封的将领们心里都踏实了：连雍齿那么遭恨的都被封侯了，我还怕什么，还急什么，慢慢等着吧，早晚轮到给我封侯。

这天，刘邦心里又感觉别扭。因为，他每次召集的文武百官开会或吃饭，这帮人都太闹腾了，大呼小叫，有的喝高了，有的甚至大打出手，一点儿规矩也没有。有个人看出了刘邦的心思，这人叫叔孙通，是个大儒，曾经在秦二世手下做博士，掌管书籍文典，通晓史事，类似于皇家顾问。当年，陈胜刚起义时，秦二世问身边博士们：你们说说，那边闹腾是怎么回事？

博士们照实回答：那是造反，可能会引发天下大乱，必须立即派兵镇压。

秦二世怒了：什么造反？什么天下大乱？

叔孙通赶紧上前：根本不是什么造反，哪有那么严重，只不过几个小毛贼打劫什么的。

秦二世挺高兴：好，有赏！刚才谁说造反了，全部抓起来！

叔孙通退朝，学生质问：老师，您怎么能这样呢，不跟皇上说实话，一味地迎合皇上，阿谀讨好，这哪是君子之道。

叔孙通一撇嘴：拉倒吧，我要是按君子之道，实话实说，就回不来了。

随后，叔孙通赶紧逃回了老家薛城，正好项梁刚打到薛城，他就投了项梁，后来又跟了项羽。刘邦打下彭城后，他又投了刘邦，还是当博士。

叔孙通想：刘邦不是讨厌儒生，见了儒生就把儒冠摘下来往里面撒尿吗？没关系，我不穿儒服不就得了，你喜欢我穿什么衣服，我就穿什么衣服。这又不费劲。

于是，刘邦就比较喜欢他，时不时地跟他要人：叔孙通，咱们现在是用人之际，有什么人才，给我搜罗着点。

叔孙通把那些干过强盗的，身上背着案子的壮士、硬茬儿举荐给刘邦。而他手底下经常带着的百十多号儒生弟子，他一个也不举荐。

学生们很不乐意：您怎么能这样呢？为什么只举荐强盗，不举荐我们呢？

叔孙通脸一沉：现在汉王要的都是给他冲锋陷阵的人，你们能行吗？真上战场，还不都当了炮灰。好好活着，以后有机会，我会想着你们的。

然后，终于等到了刘邦成为皇帝，叔孙通每天在刘邦旁边察言观色。这天聚会，他一看刘邦皱着眉头，立马明白机会来了，他问：您是不是看着文武百官都太没规矩，太闹腾了，对吧？

刘邦：是啊，这玩意儿得治理治理，你有没有办法？

叔孙通满脸堆笑：您算问着了，立规矩、建礼制，完全就是我们的专业。

夫儒者难与进取，可与守成。

（出自《史记·刘敬叔孙通列传》）

儒家在打天下、创业、开拓局面等这种进取方面不大在行。但是，对于守成，儒家最在行了。这活您就交给我，我再去趟鲁地召集些儒家学者，一起把咱们汉朝的礼制建立起来。

刘邦挺高兴：好，不过，你可别弄得太复杂了。

叔孙通：您放心吧。

礼者，因时世人情为之节文者也。

（出自《史记·刘敬叔孙通列传》）

礼制不是死规矩。历朝历代的礼制都是结合当时的世道人情制定出来的，目的就是让人们的行为有规矩可循，看着更文明，不会太复杂。

刘邦：好了，你去办吧。

然后，叔孙通便去了鲁地。鲁地是孔子故乡，儒家的根在那里，好多儒家的大师级人物都在那里。结果怎么样？当地最有名的两位大儒都不待见叔孙通：你只是个阿谀求荣的小人而已，我们不屑跟你共事。而且，你知道吗？

礼乐所由起，积德百年而后可兴也。

（出自《史记·刘敬叔孙通列传》）

礼乐的兴起需要一个长期的过程，只有积累功德百年才可以。现在天下大乱刚刚平息，还不太平，你就要建立礼制，这不合古义。你快离我们远点儿吧。

叔孙通乐了：嚯，真拿自己当人啊！

若真鄙儒也，不知时变。

（出自《史记·刘敬叔孙通列传》）

迂腐啊迂腐！泥古不化，不知道与时俱进。

叔孙通在鲁地找了三十多位"与时俱进"的儒生，带回了长安，连同他的学生们组成一套班子，结合秦朝的礼制，开始研究制定汉朝的礼制。用了一个多月的时间，就制定得差不多了。给刘邦演示了一遍，刘邦挺认可，于是，教给文武百官。公元前201年十月的一天，文武百官按照这套礼制的仪式和礼节上朝，朝贺皇帝。一下子，那种庄严肃穆、皇权气派就出来了。当天刘邦也大摆筵宴，但没一个人敢大声喧哗，全部规规矩矩。

刘邦大悦：

吾乃今日知为皇帝之贵也。

（出自《史记·刘敬叔孙通列传》）

我今天才算知道，当皇帝原来是这么尊贵的感觉！叔孙通，重赏，赐金500斤！

叔孙通：谢主隆恩，这不是我自己的功劳，我找的那些儒生，还有我的学生们都出力了……

刘邦：好，全部封官。

叔孙通把他得到的赏金也全都分给了儒生和学生们。大家都佩服他：您真是圣人复出！

这个故事耐人寻味，叔孙通被鲁地大儒视为阿谀求荣的小人儒，鲁地大儒不肯与之为伍。然而，恰恰是这个"小人儒"在新的时代为儒家找回了价值和体面。

对此，司马迁盛赞叔孙通：

进退与时变化，卒为汉家儒宗。

（出自《史记·刘敬叔孙通列传》）

叔孙通懂得与时俱进的道理，最终成为汉初儒家的一代宗师。

"大直若诎，道固委蛇"，盖谓是乎？

（出自《史记·刘敬叔孙通列传》）

看上去，叔孙通在曲意逢迎；实际上，这却是致君行道所必需的，他的内心是正直的。"道固委蛇"，天下的道路有笔直的吗？没有，都是像蛇行走的样子，是弯曲的。我们骑自行车、开车的轨迹，也是这样的。

不过，那两位被叔孙通骂为"鄙儒"的大儒，却被扬雄和司马光称赞：

夫大儒者，恶肯毁其规矩、准绳以趋一时之功哉！

（出自《资治通鉴·汉纪三》）

礼制不应当向时代和世俗妥协，这两个人坚持的有道理，称得起大儒。你怎么看呢？他们的那句"礼乐所由起，积德百年而后可兴也"确实值得回味。一个社会的文明程度需要时间去培养，需要一个长期稳定发展的社会环境作为基础。

除了叔孙通，还有一名儒生，对于儒家与时代、皇权的结合，同样做出了很大贡献，他就是陆贾。陆贾的口才特别好，经常被派作使者联络诸侯，做外交工作，最出彩的一次是搞定南越王尉佗，让他向汉朝称臣。儒家很重视外交工作，孔子说：

诵诗三百，授之以政，不达；使于四方，不能专对；虽多，亦奚以为？

（出自《论语·子路》）

你把诗书读得滚瓜烂熟，可是做官，你做不好；出使四方，也不会应对事情；那书读再好，又有什么用呢？

陆贾就是书读得好也用得好的那种人，很得刘邦器重。

陆生时时前说称诗书。

（出自《史记·郦生陆贾列传》）

陆贾时不时地建议刘邦读书：您没事时也看看《诗经》《尚书》吧，都是好书。

有一次，刘邦厌烦了：

乃公居马上而得之，安事诗书！

（出自《史记·郦生陆贾列传》）

我的天下都是马上打下来的，跟这些诗书有什么关系？

陆贾毫不示弱：

居马上得之，宁可以马上治之乎？

（出自《史记·郦生陆贾列传》）

您马上得天下，还能马上治天下吗？

且汤武逆取而以顺守之，文武并用，长久之术也。

（出自《史记·郦生陆贾列传》）

您得跟商汤、周武王学习，他们得天下，建立商朝和周朝，也是靠武力逆势而上打下来的，然后他们是怎么治理的呢？他们靠礼乐文化顺势而为治理守成。这样文武并用，才是长久之术。秦始皇要是明白这个道理，就轮不到您当皇帝了。

一番话把刘邦噎得够呛：说的确实有道理！好吧，你小子把历代兴亡的经验教训，都给我总结一下，写出来我看看。

于是，陆贾写完一篇就给刘邦看一篇，随写随看。刘邦越看越上道，对儒家，对读书，都越来越认可。

刘邦能文治天下，更是马上皇帝。刘邦当上皇帝后，他也没享过什么清福，直到死，都还骑在马上打仗，有的是智取，有的是强攻，打完了这个，打那个。这中间，最强的一个对手是谁呢？是匈奴大单于冒顿。

第二十二回　刘邦的致命对手

　　刘邦手下有两个韩信，除了大将军韩信，还有一位韩襄王的庶孙韩信，韩王成被项羽杀死后，刘邦立此韩信为韩王，为与韩信区别，史书称该韩信为韩王信。韩王信率军打下了原来韩国的十几座城池，颇有战功。不过，中间也出过问题，荥阳失守时，他正在城中，投降了项羽，然后又投奔刘邦。

　　刘邦并未责怪他，即位成为皇帝后，先是封韩王信"王颍川"，封地大致是颍川郡的范围。一年后，刘邦感觉颍川郡战略地位太重要，便把韩王信的封地调整到了北部边郡，大致是太原郡、雁门郡的范围，这里原来也是韩国的地方。刘邦交给韩王信一个任务，务必严防北方匈奴。韩王信很有责任心，主动要求把治所从比较靠南的晋阳，搬到了靠近北部边塞的马邑。

　　结果，匈奴大军北下，一下子把马邑包围了。刘邦赶紧派兵营救，可是，他听说韩王信搞小动作，好几次派使者跟匈奴互动，不知道鼓捣什么事。于是，刘邦派人穿过匈奴的包围，进入马邑见韩王信：皇上派我来提醒您，可不要有什么想法。

　　韩王信本来没想向匈奴投降，他派使者跟匈奴来往，只是在想办法与匈奴谈判，想让匈奴退兵。结果，让刘邦这么一吓唬，慌神了，索性真的向匈奴投降，反击太原郡。刘邦亲率大军北上迎战。于是，大汉帝国第一次与匈奴交手。

与匈奴连打了两三仗，汉军都大胜。当时，刘邦坐镇太原郡，匈奴大单于冒顿及其主力在代郡和上谷郡。刘邦欲乘胜进剿，先派出使者去见冒顿，交涉和谈，其实是去打探虚实，侦察进攻路线。先后派出使者数位，走了十几个来回，都说可以打，看匈奴的士兵、兵器、粮草物资等情况都不怎么样，肯定好打。

刘邦挺高兴，最后一次，他先派提出定都长安建议的刘敬作为使者去见冒顿。同时，自己亲率20万大军北上，要消灭匈奴。半路上，与返回的刘敬相遇。刘敬进谏：快停吧。我知道前面的使者们为什么都觉得匈奴可以打了，确实，到了匈奴那边一看，尽是老弱病残。不过，在我看来，这是匈奴故意做出的假象，为的就是迷惑咱们，引诱咱们出动大军，他们肯定埋伏下了兵马。咱们不能再进军了。

刘邦大怒：你这个齐国土老帽儿，有什么证据说匈奴有埋伏？我现在20万大军已经在路上了，你要扰乱军心吗？来人，把他关起来。

刘邦真就把刘敬关起来了。刘邦还气呼呼的：先留着你的性命，等我灭了匈奴，让你看看，再砍你的脑袋。

这时是公元前201年的冬天。20万大军不可能齐刷刷地进军，刘邦交战心切，他先带着一小部分兵力开进到马邑北大约三百里的平城，也就是今天的山西省大同市，当时还属于雁门郡。平城东边六七里有个小土山，叫白登。

就在这里，刘邦被匈奴的40万大军团团包围。刘邦后面的主力军被切断，上不来，而且天气奇寒，好多汉军士兵被冻掉了手指头、脚趾头，粮草也没带。怎么办？叫天天不应，叫地地不灵。刘邦这才后悔没

有听刘敬的进言，才知道自己遇到了平生最强对手！

那么，这位匈奴大单于冒顿到底是个什么来头呢？这人确实是个狠角色！

当年，因为谶语**"亡秦者胡"**，秦始皇派大将蒙恬率30万大军打匈奴，把匈奴都打到了黄河以北，又追出很远，并筑起长城防御。秦末天下大乱，秦帝国的边防军都调到中原打仗。于是，匈奴又厉害了起来。当时，匈奴的大单于叫头曼，冒顿是其太子，等着接班，可是，头曼喜欢新阏氏（大单于妻妾称谓），有意废掉冒顿的太子之位，改立新阏氏之子为太子。

怎么办呢？头曼先把冒顿送到另一个游牧民族月氏去当人质，以结盟，随即又发动对月氏的攻击。月氏要杀冒顿出气，而冒顿竟然神奇般地逃了回来。头曼震惊，对冒顿刮目相看，又心生爱怜，有意再给冒顿机会，拨了一万骑兵由其统领。而冒顿则已寒透了心，恩断义绝，开始谋划刺杀头曼。冒顿设计了一种带响声的箭——鸣镝。他命令手下：我只要拿鸣镝射什么东西，你们必须也立即射这个东西，违者斩！

然后，出去打猎，冒顿用鸣镝射鹿，手下也都跟着射鹿，他射鸟，手下也都跟着射鸟，凡是反应慢的，都被他斩了。打了几天猎，都练顺溜了，手下都跟条件反射一样，指哪儿打哪儿。这天，冒顿竟然用鸣镝射向自己的马，手下知道这是他的心爱之物，有人便犹豫了，怀疑是不是射错了，结果都被斩了。

过了几天，他又用鸣镝射向自己的老婆，又有人不敢射，也被他斩了。再后来，他用鸣镝射向头曼的马，手下都毫不犹豫地全部齐刷刷射马。他知道时机成熟了。有一天，出去打猎，冒顿在后面用鸣镝射向他爹，手下也是乱箭齐发，一下子就把头曼射死了。之后，他又把所有反对派全部杀光，自己成了匈奴大单于。

冒顿的这种手段跟商鞅的立木取信差不多，只是太狠了，禽兽一般。如果，他只是一个禽兽，只知道狠，跟老虎、狮子似的，也不会做成多大的事情。而更重要的是，他有政治家的眼光和意识，他有思想。

当时，东胡很强大，派人来向匈奴索要千里马。

手下大臣都讲：咱们这是宝马，不能给。

冒顿不以为然：一匹马而已，为此得罪东胡不值得，送！

东胡得寸进尺，过了不长时间，又来索要冒顿的一个阏氏。

手下大臣都急了：欺人太甚！咱们跟他们拼了吧！

冒顿照样能忍：送！

东胡变本加厉，稍后又来索要某个区域的一片土地。

有大臣讲：那片地寸草不生，送也无妨。

冒顿大怒：送什么送！

地者，国之本也。

（出自《史记·匈奴列传》）

土地是国之根本，怎么能送人！拉出去斩了！

于是，匈奴倾巢而出，大破东胡。紧接着，又把月氏、楼烦等众多游牧民族部落都打了一遍，地盘、人口、畜产等越来越多，实力也越来越强。同时，大肆南下，越过长城，占据代郡、上谷郡等地区。

在冒顿的领导下，匈奴开始建立起比较稳定的国家形态，官僚体系和各种制度都相对规范。总之，冒顿开创了匈奴的鼎盛时代，有雄才伟略，他能把刘邦困住，并不是偶然。

刘邦怎么办呢？明打打不过，只好从暗处想办法，用间谍。陈平再次使出神奇的间谍活动能力，在极短的时间内竟然搞定了冒顿的一位阏氏。这位阏氏劝冒顿：

两主不相困。

（出自《史记·匈奴列传》）

两个君主之间不宜把事情做绝。您即便弄死刘邦，也没什么好处，中原也不适合咱们匈奴人生活。而且，咱们有咱匈奴人的神保佑，刘邦也有汉人的神保佑，您和刘邦之间的争斗可不是普通人之间的争斗，还有各自的神在后面。咱们还是适可而止吧。

匈奴的鬼神观念很浓厚，而且冒顿跟韩王信的配合当时有点儿问题，他对韩王信有猜疑，一想：现在打刘邦也打不下来，这么相持着，夜长梦多，别再被韩王信给算计了。

最终冒顿主动把包围圈打开一个口子。正好赶上大雾，刘邦在夏侯婴和陈平的护卫下，悄悄潜出，逃出生天，跟后面的主力军会合。

冒顿也撤退了。

刘邦留下樊哙带一部兵力继续对付匈奴和韩王信，在返回关中的路上，他把刘敬释放了：真让你说对了，我只听前面那些使者的话了，差点儿没把老命扔到这里。那些使者们，我都给斩了。你，封侯，给你两千户封地。以后有什么好建议，多提。

随后，刘邦途经赵国，回到关中。一晃过去快一年了，汉军与匈奴在北疆的战事不断，刘邦备感压力，这天他又把刘敬叫来：你给我出出主意，怎么对付冒顿？

刘敬：这个问题，我想了很长时间，没什么好办法，只有一个办法，可是我不敢说，我怕说出来，您再一生气又把我关起来。

刘邦：别磨叨，有什么办法？赶紧说。

刘敬：我说了，您也未必肯做呀。

刘邦一瞪眼，刘敬赶紧说：两个字，和亲。把鲁元公主嫁给冒顿做阏氏，将来鲁元公主生的儿子肯定就是太子，以后当上匈奴大单于，那匈奴大单于就是您的外孙。冒顿成为您的女婿，平时咱们这儿花不了、用不了的东西多给闺女家送点儿，多给他们点儿好处。不就成了一家人吗？

刘邦撇嘴：不行，我就这一个闺女，即便我答应，我老婆也不会答应。

刘敬：那就没办法了，您要是找个假公主冒名顶替，早晚得露馅，得弄巧成拙；要是送个侄女，分量就轻了，肯定当不了阏氏，将来生的儿子也接不了班。反正，我就这么一个主意，您自己定夺吧。

刘邦咬了半天牙，最后把心一横：好，就这么办！

可是，别的事，他作为皇帝一言九鼎，说了就算。这件事不行，这是家务事，得跟他老婆商量。这话一提，吕后就怒了：刘季，你个胆小鬼！为了你打天下，我们娘仨受了多少罪！好不容易，你当上皇帝了，还不让我们享福。你跟你那些姜室们还能随便生，我可就这俩孩子，就这一个闺女。你要是把她嫁给冒顿，我就不活了！

吕后一哭二闹三上吊。最后，刘邦没办法，只好弄了个假公主跟匈奴和亲，让刘敬送嫁，嫁给了冒顿。

对此，司马光认为是民族耻辱，他说：自古以来的帝王都有对付外敌的这个问题，无非两手：

服则怀之以德，叛则震之以威。

（出自《资治通鉴·汉纪四》）

你要是跟我好好来，我就跟你也好好来；你要是不老实，那我就打服你。从来没有靠这种政治婚姻手段的。老爸打不过了，就把闺女推上去，还有比这更无耻的吗？再说了，冒顿连他亲爹都杀了，还会在乎你

一个外国老丈人吗?

而且,当时鲁元公主早已嫁人,嫁给了张耳的儿子张敖。张耳死后,张敖已是赵王,鲁元公主是赵王后,你怎么把人家夫妻拆散再给嫁到匈奴去啊?虽然,最后只弄了个假公主,但有这个想法也不对!无耻!

不过,由此也可以看出,刘邦对这个女婿赵王张敖很不待见,为此他差点儿被张敖的人暗杀。那是在白登之围后,刘邦返回关中途中经过赵国。张敖盛情款待,毕恭毕敬,刘邦却骂骂咧咧,数落张敖,要多难听有多难听。弄得张敖手下的大臣们都听不下去,忍不了了,为首的贯高和赵午私下找张敖:大王,刘邦如此羞辱您,一点儿也没拿您当国君,我们要帮您出这口气,干脆咱弄死他吧。

张敖吓了一跳,紧张地咬手指,血流出来他都没知觉:住口!咱们的一切都是皇上给的,受点儿气就受点儿气吧,千万别有这种想法!

贯高和赵午不死心:好吧,就当我们没说。

他俩回去便私自谋划算计刘邦。

过了不到一年,刘邦再次北上打韩王信,再次途经赵国。当时天色渐晚,刚好经过一座小城,刘邦便想在当地馆舍住下。赵国官员们已经提前把馆舍收拾好了。可是,刘邦忽然感觉心怦怦跳,好像要有什么事情发生一样,他问手下:这是什么地方?

手下:这是柏人县城。

刘邦一惊:噢,柏人,迫于人也,就是受制于人的意思呗。这地方不能住,走!

于是躲过一劫。因为,就在柏人的馆舍中,贯高等人早已埋伏好了刺客。刘邦真要住下,必死无疑。

一年后,此事被人揭发出来。刘邦震怒:来人,去把张敖他们都给我抓来！

赵午和十多个参与此事的赵国大臣听说朝廷来抓人，怎么办？都自杀了！

贯高气坏了：你们死了一了百了，咱们赵王怎么办？谁还能说清赵王与此事毫无干系！

于是，贯高束手就擒，随赵王张敖一起被押至长安。

然后，贯高被审案的严刑拷打：说，是不是张敖指使你们刺杀皇上的？

贯高打死也是一句话：此事与赵王无关！都是我们自己干的。

审案的没办法，跟刘邦汇报：什么酷刑都用了，这个贯高骨头太硬了，就是不招，咬定跟张敖无关。

吕后在一边赶紧求情：我就说嘛，张敖那是咱姑爷，为了咱家女儿，他也不能害你啊。

刘邦的火腾一下就起来了：你懂什么！姑爷怎么了？你以为咱家闺女还挺降得住人，他张敖要是当上皇帝，什么女人不是他的？

不过，刘邦对贯高挺佩服：真是壮士！有种。我就喜欢这样的人。这样吧，硬的不行，来软的，你们找个跟他有私交的朋友，私下问问他，这事到底跟张敖有无关系。

然后，手下真就找到了一位贯高的故友，此人带上酒菜到监狱里去看望贯高，把酒言欢：兄弟啊，你跟我说实话，这事到底和赵王有没有关系？

贯高苦笑：我这是夷三族的罪过，赵王跟我再亲，还比我爹娘、老婆、孩子亲吗？真要是他指使的，我肯定得把他供出来，争取立功表现，给我家人争取点儿活路。可是，明明他就不知道这件事，我能诬告人家吗？

　　最终，刘邦相信了贯高的话，把张敖放了。而且，刘邦也原谅了贯高，打算也释放贯高。那个朋友赶紧去监狱报喜：好消息，赵王已被无罪释放，而且皇上决定赦免你。

　　贯高：真把赵王放了？

　　朋友：千真万确！你也马上就能出去了。

　　贯高哭了：总算没有连累赵王，我死而无憾了！感谢皇上的原谅，但我自己不能原谅自己，我这是弑杀天子的重罪！

　　乃仰绝肮，遂死。

（出自《史记·张耳陈馀列传》）

　　贯高掐断自己脖子上的大动脉，自杀。

第二十三回　韩信之死

　　赵王张敖虽被无罪释放，但被降为宣平侯，刘邦改立自己十岁的儿子刘如意为赵王。

　　刘如意的母亲戚夫人常年随刘邦四处征战，形影不离；而吕后要么被项羽扣作人质，要么待在后方，跟刘邦聚少离多；而且戚夫人肯定比吕后年轻漂亮。正所谓，"其母好者其子抱"，相应地，刘如意便更讨刘邦的喜爱。刘邦没事便把刘如意搂过来稀罕一通：如意随我，将来肯定有出息，比太子刘盈强。

　　戚夫人立即抱住刘邦：那您干脆让如意当太子呗，将来把这天下给您治理得江山永固、繁荣昌盛，多好。

　　俗话说：娇妻唤作枕边灵，十事商量九事成。有上这么几回便把刘邦说动了心，他把几个亲信大臣找来商量：你们说，我要改立刘如意当太子，怎么样？

　　大臣们都反对：别，这事使不得。废长立幼，这是要乱套的节奏，您知道吗？

　　刘邦瞪眼：我知道什么？我知道天下是我的，我爱怎么样就怎么样！这事就这么定了，改立刘如意为太子！

大臣们都不敢出声了，心说：皇上又要拿出那无赖劲来了，咱们先沉住气再说吧。

唯独大臣周昌不管这套，上前一步：不……不……不行！不……

周昌是个结巴，越着急越说不出话来。他哥哥就是当年坚守荥阳、宁死不降的周苛，兄弟俩都对刘邦赤胆忠心，深得刘邦器重。

此前有一次，周昌来汇报工作，正好撞见刘邦跟戚夫人缠绵，周昌赶紧扭头退出，刘邦则追了上来。

> 高帝逐得，骑周昌项，问曰："我何如主也？"
>
> （出自《史记·张丞相列传》）

刘邦一下子把周昌扑倒，骑在周昌脖子上，大骂：我的洞房你也敢闯？你说说吧，我是怎样一个皇帝？

> 昌仰曰："陛下即桀纣之主也。"
>
> （出自《史记·张丞相列传》）

周昌挣扎着，拧着脖子说：您……您不就是个昏……昏君吗？跟夏桀、商纣王都一样一样的！

刘邦大笑，赶紧下来：就你什么都敢说，快坐会儿。

这一次，刘邦又被周昌的结巴逗乐了：周昌，你别……别着急啊，你慢……慢点儿说，怎……怎么不行？

他也学周昌。周昌稳了稳，说道：

> 臣口不能言，然臣期期知其不可。陛下虽欲废太子，臣期期不奉诏。
>
> （出自《史记·张丞相列传》）

　　成语"期期艾艾"中的"期期"即出自此，"艾艾"指三国名将邓艾，也是个结巴。

　　刘邦大笑：好吧，我期期不废太子了，以后再说吧。

　　事后，吕后跪谢周昌：老周，非常感谢！我在旁边的屋里都听到了。

微君，太子几废。

（出自《史记·张丞相列传》）

　　要不是你，我们娘俩就完了！

　　正因为吕后感恩于周昌，所以刘邦立刘如意为赵王后，便让时任御史大夫的周昌降职做赵国丞相，辅佐如意，也是保护刘如意。他知道，等将来自己去世，吕后肯定会算计刘如意母子，到时吕后应当会给周昌面子。可惜，他还是低估了吕后，这个后面再讲。

　　周昌前任的赵国丞相陈豨此前也是刘邦亲信，颇有才能。

以赵相国将监赵、代边兵，边兵皆属焉。

（出自《史记·韩信卢绾列传》）

　　刘邦让陈豨兼管赵、代这两个诸侯国的边防军。他的军权相当大。周昌上任后，两国军权仍由陈豨掌握，而且他效仿战国四君子，手下养了很多门客，有一次陈豨回朝廷，随从车辆竟然有千乘之多，经过邯郸时，把所有的客栈都住满了。

　　于是，周昌将此情况密报给刘邦：陈豨手握重兵，多养死士，恐其有变。

　　刘邦一皱眉：嗯，派人秘密调查陈豨。

　　这一查就发现，陈豨的这帮门客大多都是作奸犯科之辈，都有案在身，很多都能牵连到陈豨身上。

陈豨很快也知道了刘邦在调查自己，惶恐不安。韩王信也摸着信，立即派人联系陈豨，搞策反。正赶上刘邦父亲刘太公死，刘邦派使者召陈豨回朝参加葬礼。陈豨很担心，回去肯定是死路一条，于是就造反了。很快他便控制了赵、代两国的大部分区域。此时是公元前197年九月。

刘邦又一次亲自出征，率军进驻邯郸。他挺庆幸，如果陈豨先行夺取邯郸，并在漳河阻击，他就不好打了。他把周昌叫来：你马上在邯郸当地人中找几个出头露脸的人来，我看看能不能提拔他们做将领。抓紧时间！

周昌很快找来四个人，刘邦歪着脑袋把他们上上下下打量了几眼，破口大骂：就凭你们这几块料，还想带兵？

这几个人被骂蒙了，吓坏了，趴地上，都不敢言语。没想到，刘邦紧接着又哈哈大笑：我就要用你们这几块料，灭陈豨！传旨，封这四位将军为千户侯！

这几个人都高兴坏了，心情就像坐过山车一样，刘邦身边的人也都挺意外，小声说：皇上，以前我们跟您打天下，出生入死好多年，您都还没给我们封侯，这几位寸功未立，就给他们封侯，说不过去吧？

刘邦黑着脸：唉，你们不懂。现在咱们手头的兵太少，调彭越、黥布的兵也都调不来，眼下必须把邯郸当地的兵源组织起来。靠谁？就得靠这四个当地人，只要能调动他们的积极性，四个千户侯算什么。嗯，陈平呢，让你调查陈豨手下部将的情况，你调查得怎么样了？

陈平：据调查，陈豨的部将多数都是商贾出身。

刘邦笑了：好了，这就好办了。商人不就图钱吗，你知道怎么办吗？拿钱砸，要多少钱，给你多少钱。

陈平搞这个轻车熟路，很快就搞定了陈豨的很多部将。

接下来，公元前197年冬，刘邦只用了一个多月的时间，便把陈豨的主力歼灭。陈豨带着很少的兵力，又打了几年游击战，后被樊哙击毙。

公元前196年春，刘邦班师回朝，回到洛阳，才知道发生了一件大事——韩信死了。

怎么回事呢？说来话长。当初，刘邦在定陶闯入韩信军营收其兵权，此兵权应是韩信作为大将军的兵权，但韩信手中应当仍有颇强的嫡系兵力。随后，韩信被封为楚王，国都下邳，离他老家淮阴只有二三百里。他先回了趟老家，父母都不在了，也没什么亲人，他回去主要找了三个人。

第一个人是漂母。漂母在他人生最低谷时，给了他饭吃，给了他期许和激励。他承诺过要报答漂母，现在终于来履行这个承诺了。还真就让他找到了，送给漂母千两黄金。现在，江苏省淮安市还有漂母祠、漂母墓，都是文物保护单位。漂母身上体现出的善良、母爱、助人等美好的人性价值，与韩信一起不朽。

第二个人是他曾经每天蹭饭的那位亭长。那个人还是亭长，他给了这个亭长100个铜钱：这够当年那些饭钱了吧。你这个人不行。

小人也，为德不卒。

（出自《史记·淮阴侯列传》）

做好人好事，你得做到底，不能做了半截就不做了。我蹭你家饭吃都已经吃了好几个月，你说不让蹭就不让蹭了，多让人寒心啊。

韩信这个思维也是够可以的。其实这是一种普遍的心理，很微妙。你对一个人好，一直好，忽然有一天，不那么好了，他就怒了，在他心中，你还不如那些从来不对他好的人。

第三个人是那个让他受胯下之辱的小混混。他将其提拔为中尉，大致相当于亲兵卫队的大总管。他跟手下介绍：这兄弟绝对是一位壮士，当年愣是逼我从他胯钻过。当时，凭我的功夫，还是能杀他的，又一想算了，大丈夫小不忍则乱大谋，真要是杀了他，我也就没有今天了。

韩信的楚王王位只坐了大半年，刘邦就坐不住了。公元前202年的冬天，有人向刘邦打小报告，韩信要谋反。谁告的？史书没讲。到底韩信是不是真要谋反？刘邦根本不想去调查核实，他只有一个想法：我得赶紧收拾他！

怎么收拾呢？他召集几名心腹大将，说明情况，心腹大将们立即炸了：打他，皇上，您赶紧发兵，我们去把韩信活埋了！

只有陈平没有说话。

刘邦：陈平，你怎么看？

陈平：这事没这么简单。有人告韩信谋反这件事，除了咱们这些人，还有其他人知道吗？

刘邦：这是绝密，没人知道。

陈平：韩信自己知道吗？

刘邦：他自己应当也不知道。

陈平：这还不错。那么，您现在嫡系的部队能强过韩信掌握的部队吗？有优势吗？

刘邦皱眉：要是不加上诸侯国的兵力，还真比不过韩信，没优势。

陈平：我再问您，咱们现在这些将军们有比韩信还会带兵打仗的吗？

刘邦：没有。

陈平：既然如此，发兵去打韩信就没有胜算。

刘邦脸色难看：

为之奈何？

（出自《史记·陈丞相世家》）

怎么办呢？

陈平一笑：咱们这样，咱们这么办，应当不用费什么劲，就能把他拿下。

刘邦依计而行，立即宣布：我要效仿古代帝王，要去各诸侯国巡狩、视察。哪天我到了楚国西边上的陈县，还要搞个诸侯大会，所有诸侯一块儿聚聚。

很快，刘邦到达陈县，各路诸侯王，不论异姓还是同姓，也都陆续抵达参会。

韩信进退两难。他能猜到刘邦的心思，怕自己去了陈县，就得被收拾。想发兵造反，又觉得自己没啥罪过，刘邦不至于拿自己怎么样。而且，各路诸侯齐聚陈县，他真要造反，诸侯们都跟着刘邦打他，造反肯定不会成功。

怎么办呢？有个心腹给他出主意：大王，皇上通缉的项羽大将钟离眛不是一直藏在咱们这儿吗？虽然，咱们不承认，皇上也没证据，但为此，皇上肯定对您有点儿看法。您干脆把钟离眛的人头献给皇上，皇上一高兴，跟您喝顿酒，不就应付过去了吗？

韩信点头，把钟离眛找来：咱们有多少年的交情，我是想尽力保住你，可是我连自己也要保不住了。对不起了。

钟离眛苦笑：想不到你韩信就这么点手段，刘邦之所以不敢发兵打你，是因为他知道我在你手上，是你的帮手。我要是死了，你也就快了！

于是，钟离眛自杀。

韩信带上钟离眛的人头，到了陈县，当即被抓，装上囚车。韩信委

屈至极，大喊：冤枉啊！我冤枉！难道真像人们说的那样吗？

> 狡兔死，良狗亨；高鸟尽，良弓藏；敌国破，谋臣亡。
>
> （出自《史记·淮阴侯列传》）

现在，天下打下来了，你就要烹我，是不是？

刘邦也喊：别吵，吵什么啊，抓你是因为有人告你要造反！

刘邦把韩信押回洛阳后就给放了，楚王免掉，降级为侯。刘邦做事还是有底线的，他也算是侠者出身，韩信是他一手提拔起来的，打心眼里爱惜。他就想，彻底收了韩信的兵权，你哪儿也别去，就在我眼皮子底下待着吧。

随后，韩信就像普通文官一样，每天上下班，上朝退朝，心里要多郁闷就有多郁闷。

> 羞与绛、灌等列。
>
> （出自《史记·淮阴侯列传》）

像绛侯周勃、灌婴等大将，韩信本是半点儿也不待见的，现在却都成了平级同事。为之奈何？干脆经常请病假，在家窝着。有一次，他因事去樊哙家，樊哙是刘邦的连襟，显贵且以勇猛著称，对韩信却毕恭毕敬。

> 哙跪拜送迎，言称臣，曰："大王乃肯临臣！"
>
> （出自《史记·淮阴侯列传》）

臣樊哙恭迎大王，您能来我这里，我太荣幸了。

韩信出门还未走远，便对身边人笑言：

生乃与哙等为伍！

（出自《史记·淮阴侯列传》）

真没想到，我韩信这辈子竟然混得跟樊哙他们为伍了。

随后，这话肯定就传出去了，这得多招恨啊，把人都得罪了，后面的结局其实也是必然了。

韩信唯一佩服的只有刘邦。他俩之间有过一次闲聊，一开始是聊这些将领，谁的水平怎样，谁能带多少兵。聊到最后，刘邦问韩信：你看我能带多少兵？

韩信答：您最多带十万。

刘邦又问：那你呢？

韩信毫不谦虚：

臣多多而益善耳。

（出自《史记·淮阴侯列传》）

我带的兵越多越好，上不封顶。

刘邦大笑：好一个多多益善！你多多益善，怎么还让我给抓了呢？

韩信一撇嘴：

陛下不能将兵，而善将将。

（出自《史记·淮阴侯列传》）

虽然您带兵的能力不大，但您带将的能力天下无双。

且陛下所谓天授，非人力也！

（出自《史记·淮阴侯列传》）

韩信赞刘邦"善将将",可能只是卖个乖而已,他自己带兵多多益善,自然也能带将。韩信真心想说的可能只是他得认命,天意如此。司马迁著《史记》,有一个自我期许:

究天人之际,通古今之变,成一家之言。

（出自司马迁《报任安书》）

天人之际,天与人之间的边际,有的事情是天授的,天决定的,人力无奈何。这是古人的信仰。

那么,韩信最后是怎么死的呢?史书说,他最后确实谋反了。陈豨被派去掌管赵、代军队之前,跟韩信有一次密谈。韩信主动提出,只要陈豨起兵叛变,他就会在朝中配合,里应外合。随后,陈豨叛变,刘邦亲征,本想带上韩信,可韩信装病不去,想在朝中发动政变,杀掉吕后和太子。

可是,发动政变得有兵,韩信没有军权,怎么办呢?史书说,韩信准备假传圣旨,把长安监狱里关押的犯人都释放了,把达官贵人家里的家奴都给解放了,然后组织这些人去攻打吕后。韩信解放家奴的革命还未行动,就被人告发,告给了吕后。吕后找萧何:你看怎么办吧。

萧何派了个太监去召见韩信:皇上已灭陈豨回朝,召见诸侯群臣进宫庆贺。有病也得去。

韩信信以为真,一进宫门,就被埋伏好的武士给绑了,就地正法,没得缓,直接被砍头,夷三族。

那个时代最杰出的军事统帅就这样被吕后杀掉,还被编排了一个如此拙劣的理由,写进史书。

刘邦听完吕后讲述,心情复杂。

且喜且怜之。

（出自《史记·淮阴侯列传》）

喜的是这头猛虎，这个心腹大患终于解决了。韩信太厉害，也太年轻，死时只有35岁。项羽被灭掉时多大年纪？29岁。可是，刘邦已经老了，60岁了，又是一身伤病，哪天说走就走了。刘邦活着，韩信有怕的人；刘邦要是死了，谁也降不住韩信。

怜的是什么呢？天下是韩信打下来的，他没有做什么对不起自己的事情，一次一次让自己夺军、夺权，现在又夺了命。唉，愧心不愧心啊？

刘邦问吕后：韩信临死前说了什么吗？

吕后：噢，说啦，他说了一句话。

吾悔不用蒯通之计，乃为儿女子所诈，岂非天哉！

（出自《史记·淮阴侯列传》）

刘邦：蒯通，这人我知道，有一套。来人，把他给我抓过来。

过了几天，蒯通被抓。

刘邦亲自审问：是不是你之前教韩信造反？

蒯通老实承认：是，可惜他不听，才落得如此下场。

刘邦大怒：把他拉下去，烹了！

蒯通大喊：冤枉！

刘邦差点儿没气乐了：你这还冤枉？

蒯通：是啊，皇上。我教韩信造反时，我独知韩信，不知陛下，他就是我的君，我只为他尽忠。那时，天下还不知道是谁的，打我这样主意的人多了去了，您还能都给烹了吗？

刘邦点头：好，有理，放人！

《汉书》记：

> 春正月，淮阴侯韩信谋反长安，夷三族。将军柴武斩韩王信于参合。

（出自《汉书·高帝纪》）

两个韩信几乎同年同月而死，也是一种宿命。

第二十四回　刘邦版的"霸王别姬"

公元前196年春，陈豨叛乱被基本平定后，韩信、彭越相继被杀。《汉书》记：

> 三月，梁王彭越谋反，夷三族。

（出自《汉书·高帝纪》）

彭越的被杀也颇有戏剧性。

刘邦带兵北上打陈豨时，征调彭越随军助战，彭越称病，只派了一个将领带兵过来。刘邦大怒：他肯定是装病！

回到洛阳后，刘邦便派了使者到定陶，也就是彭越的国都，把彭越骂了一顿。

彭越挺委屈，他是真病了，就想去洛阳跟刘邦当面解释一下。被手下谋士劝止：皇上让您跟着打仗，您说有病去不了；现在要去洛阳，怎么就没病了呢，皇上得怎么想？更说明之前是装病。那样，肯定有去无回。不如造反吧！

彭越不敢造反，也不敢去洛阳，跟使者说：皇上骂我的，我一定好好领会学习，您回去跟皇上解释一下，我确实是病了。

然后，不怕没好事，就怕没好人。彭越与他手下的一个太仆有

矛盾，想要把这个太仆杀掉。太仆跑到洛阳，状告彭越跟谋士商量谋反。

刘邦气坏了。怎么收拾彭越呢？他又把陈平等人找来，研究出一套方案，派出一批特工，都以使者的身份，去找彭越。见面后，出其不意，就把彭越控制了。究竟细节是什么样的，史书没写，反正就把彭越生生抓了，押回洛阳，关进大牢，审了一通，最后认定彭越"反形已具"，谋反之罪属实。

刘邦并没有立即将彭越砍头，而是把彭越贬为庶人，发配蜀地。

很明显，这个谋反是给彭越生扣的罪名。他真要谋反，必定高度戒备，不可能这么轻易被抓。刘邦也不可能判这么轻。所以，彭越备感冤屈，被押往蜀地的路上，正好遇上吕后从长安去洛阳，彭越以为抓住了救命稻草，大哭：皇后，我冤枉啊！您可得给我做主，帮我去跟皇上好好说说。

吕后大包大揽：好的，没问题！我给你做主，咱们不去蜀地了，你先跟我回洛阳。

彭越满心欢喜，自以为得救，殊不知吕后实为毒妇人。吕后见了刘邦，便数落一通：老头子，你是不是又犯糊涂了。彭越这样的人才，你把他扔到天边上去，他也照样厉害，不知哪天就得杀回来。幸好，我把他糊弄回来了，赶紧杀了他！

刘邦有点儿为难：彭越实际没多大罪过，给他安了个罪名，发配了，也可以了。

吕后：你快歇歇吧，这事你不用管了，我给你办。

于是，吕后暗中找到一个彭越的亲信：你有什么愿望，我都可以满足你，只要你去举报一下彭越谋反就行。

遂夷越宗族，国除。

（出自《史记·魏豹彭越列传》）

彭越再次被定谋反罪，夷三族。

彭越本人被枭首示众。刘邦下令：谁敢来吊唁收尸，就一块儿逮了，全部杀了！

当天就有个人来到彭越的人头下面，放声大哭，祭拜行礼，嘴里还念念有词，也不知道他念叨的是什么。于是，官兵将其拿下，绑到刘邦面前。

刘邦瞅一眼，骂道：你也要跟彭越造反吗？拉下去，把他给我烹了！

武士们把这人架起来，就要往开水里扔。这人大喊一嗓子：停，我还有一句话！说完了，再烹我。

刘邦：停，让他说吧。

然后，这人不卑不亢、不慌不忙地把刘邦数落了一番：当年您彭城之败、荥阳之败、成皋之败，要不是彭王不离不弃坚定支持您，您还翻得了身吗？

当是之时，彭王一顾，与楚则汉破，与汉而楚破。且垓下之会，微彭王，项氏不亡。

（出自《史记·季布栾布列传》）

彭王给您立了那么大的功劳。现在因为也不知道是真是假的小事，您就把他夷三族了，您手下那些功臣们还不都得人人自危。彭王有恩于我，他死了，我也不想活了。赶紧烹吧！

这番话要是换别人听，多半得恼羞成怒，而刘邦则大笑：好！是条

好汉，重情重义！放了，封官！

那么，这个人是谁呢？是栾布。栾布跟彭越算是发小，一块儿玩，一块儿出去打工。后来各自发展，栾布成为燕王臧荼手下的将领。刘邦灭臧荼时，栾布被俘，被彭越赎救。刘邦杀彭越时，栾布刚好出差回来，他抱着必死之心，不顾禁令跑到彭越的人头下面，汇报出差情况。

《史记》将栾布与季布并列为"一传"，他们都曾与刘邦对抗，却都得到刘邦赏识，后都成为汉朝名将。栾布是后来汉景帝时平定七国之乱的重要将领。季布宁可卖身为奴也要保命，摧刚为柔；栾布则是视死如归。同样都是英雄所为，同样都是对生命的重视，表现出来却截然不同。我读《史记》，读到《史记·季布栾布列传》，才读出了那种荡气回肠的感觉。

栾布说的没错，韩信、彭越接连被杀后，"功臣人人自危"。当时，彭越不但被枭首示众，还被施以菹醢之刑，被剁成了肉酱。刘邦命人将其分装。

盛其醢遍赐诸侯。

（出自《史记·黥布列传》）

各路诸侯，一家送一饭盒，里面是彭越的肉酱，这就是谋反的下场。

收到这饭盒的人都得是什么感觉？别人怎样被震撼，史书没写，《史记》只写了一个人的反应，那就是淮南王黥布。当时，黥布刚打猎回来，接过饭盒一看就吓坏了。

因大恐，阴令人部聚兵，候伺旁郡警急。

（出自《史记·黥布列传》）

把使者打发走后，黥布立即秘密召集兵马，进入一级战备状态，探子们都撒出去，盯着旁边郡国有什么风吹草动，随时通报。

还是那句话，不怕没好事，就怕没好人。就在这个紧张时期，黥布的后院出了点儿麻烦。他有个爱姬好像出了点儿问题，什么问题呢？她生病了，去一个医生家里看病，看完病没立即回王宫，而是留在医生家里吃饭，而且，还有黥布手下的一个帅哥陪着。黥布听说这种情况，便暗中调查，随即发现自己的爱姬与这个帅哥好上了。黥布要把这个帅哥杀死。帅哥逃跑了，跑到长安向刘邦报告黥布召集兵马要造反。

刘邦立即派人调查。

黥布一看这架势，索性先把情敌全家杀光出气，随即起兵造反。黥布势不可挡，迅速占领了邻近淮南国的荆国和楚国。

当时，刘邦的身体已经不太好了，正生着病，本想派太子刘盈带兵去打黥布，可架不住吕后一通哭闹，吕后说：黥布是天下一流的猛将，又擅长用兵，你让咱们儿子去跟他打，打得过吗？他也没打过仗，那些将领们以前都是跟你称兄道弟的，在他们眼中，咱们儿子还是个娃娃，他们能听咱们儿子的指挥吗？羊能指挥狼吗？真要这么上战场了，一旦败了，黥布就得一鼓作气打到长安来，那时你后悔就晚了。你现在是有病，可为了老婆孩子，说什么也得再拼回命，还是你亲自去吧！

刘邦气得够呛：老子就知道这个兔崽子指望不上！我还是自己上吧。

吕后为什么会这么说呢？因为背后有高人指点。什么高人？商山四皓。

此前，刘邦欲改立戚夫人的儿子刘如意为太子，虽然被周昌等大臣劝止，但他一直没死心。吕后还是很紧张：怎么办？我得找人给我出主意。

找谁呢？找张良。吕后让二哥吕释之去找张良。

张良当时已是半隐居状态。

所与上从容言天下事甚众，非天下所以存亡，故不著。

（出自《史记·留侯世家》）

除非关系天下存亡的大事，刘邦请他一起拿主意，别的事他一概不管。张良觉得自己的人生使命已经完成。为韩国报亡国之仇，散尽家财，博浪沙刺杀秦始皇，然后辅佐刘邦灭了秦朝。刘邦封韩王信为王，应当也是冲着他的面子。

今以三寸舌为帝者师，封万户，位列侯，此布衣之极。

（出自《史记·留侯世家》）

一个布衣百姓的人生理想，他全部实现了，没什么事情了。接下来干什么呢？

愿弃人间事，欲从赤松子游耳。

（出自《史记·留侯世家》）

张良只想像上古神仙赤松子那样超然世外修炼仙道去。

怎么修炼仙道呢？

乃学辟谷，道引轻身。

（出自《史记·留侯世家》）

辟谷，大致是不食五谷；道引，大致是体操气功。这都是道家的修身养性之术。张良体弱多病，以此调理身体，后来，他是在刘邦去世八年后才死的，享寿可能在70岁以上，人生七十古来稀，说明他的养生方法还是有用的。不过，辟谷要坚持很多天不吃饭，这对常人来讲，至少是失去了人生一大乐趣。有一次吕后劝张良吃饭：

人生一世间，如白驹过隙，何至自苦如此乎！

（出自《史记·留侯世家》）

人活一辈子就像白马飞奔过一条缝隙，眨眼即过，该享受就享受吧，你不吃饭多难受，必须吃！

张良应付着吃了几口，随后还是坚持辟谷。

总之，张良深受道家影响，功成身退，对于刘邦废立太子的事情不闻不问。吕释之找到他，便劈头盖脸地质问他：你是皇上最器重的谋臣，现在皇上要废太子，你怎么不劝劝呢？怎么能袖手旁观呢？太不够意思了！

张良解释：不是我不劝，我劝也劝不了。以前我给皇上出谋划策，那都是打天下的事，是工作上的事。现在这是皇上的家务事，骨肉之间的事，外人哪里说得上话？一百个张良劝了也不管用的。

吕释之：我不管，反正皇后让找你，你必须给想个办法。

张良：有这么个方法可能管点儿用，我也不确定。你去跟皇后说吧，有四位高人，以前是秦朝的博士，现在都隐居在商山，都八十多岁了，须发皆白，人称"商山四皓"，皓就是白的意思。这四位白头翁都是世间奇才，皇上一直想请他们出山，可是四位白头翁嫌咱们皇上逮谁骂谁，受不了，请不动。你想办法争取把他们请出山，当太子的门客，每天跟着太子。一旦皇上看见，肯定得对太子另眼相看，或许就能打消废立之念。

吕释之挺高兴，按照张良教的，卑辞厚礼，真就把"商山四皓"给请出山了。

然后，正赶上刘邦要派太子带兵去打黥布。这四个老头一商量：咱们来不是吃闲饭的，咱们是来保太子之位的。

于是，商山四皓立即向吕释之和吕后进言：

太子将兵，有功则位不益太子；无功还，则从此受祸矣。

（出自《史记·留侯世家》）

太子即便打赢了黥布，立了大功，也不能得到什么好处，做太子已经到头了；可万一没打赢，或者出点儿什么问题，就很可能被皇上作为借口，将太子废掉。所以，坚决不能去！怎样推掉呢？皇后您跟皇上这么说，就行了。

于是，吕后按照商山四皓所教，真就把刘邦说服了。

刘邦拖着病体，亲自率军去打黥布。公元前196年十月，两军交战。当时，刘邦远望黥布的行军布阵，竟然完全是项羽的套路，气得够呛，向黥布喊话：你没事造什么反啊？

黥布给回了句：我也想当皇帝！

刘邦大怒：冲！

一举把黥布击溃。黥布只带着很少的兵落荒而逃，最后被吴芮的儿子长沙王吴臣诱杀。

刘邦则在这次战役中被流箭射中，病情加重，他担心自己时日不多，想赶紧把废立太子之事落实，可大臣们仍都反对。

这一次，表现最激烈的是叔孙通，他是太子太傅（太子的老师），他说：秦始皇的教训在那里摆着，他要是早把老大扶苏的太子之位明确好、稳当住，可能就亡不了国。

太子天下本，本一摇天下振动。

（出自《史记·刘敬叔孙通列传》）

太子是国家稳定传承发展的根本，太子之位动摇，则江山社稷动摇。咱们的太子仁孝，没什么缺点，吕后是您同甘共苦多年的结发妻子，为何要对这娘俩这么决绝呢？总之，您若不听我劝，一意孤行，我就一头撞死在您面前！

然后，叔孙通真要撞死在刘邦面前。

刘邦赶紧让人将叔孙通拉住：行了，行了，听你的，不废了。

可是，刘邦嘴上这么说，心里还是不甘心。

这一天，刘邦感觉身体状态不错，他把家人和亲近的大臣叫到一起吃饭，目光一下子被太子的四个随从吸引。别人的随从都是金童玉女美少年，太子则带了四个老头，须眉皓然，衣冠甚伟。刘邦问：这几位都是什么人？

商山四皓依次施礼，自报家门。刘邦大惊：久仰久仰！我请了你们多少次，你们都不出山，为何现在跟我儿子在一起呢？

商山四皓：之前我们不从命，是怕适应不了您的脾气。而太子仁孝礼贤下士闻名天下，所以，我们应他之召。

刘邦很高兴：好，好，好，以后太子还得劳烦您几位多多费心。

宴会散后，刘邦把戚夫人叫到面前，指着商山四皓的背影，长叹一声：你死心吧。我爱你们娘俩，想废太子改立刘如意。可是，太子有这样的高人辅佐，他的地位已经稳固，动不了了。以后，你就好好地侍候吕后吧！来，来，来……

为我楚舞，吾为若楚歌。

（出自《史记·留侯世家》）

再给我跳一支舞，我再给你唱一支歌。

戚夫人泪如雨下，翩翩起舞。刘邦悲凉满怀，一歌三叹：

鸿鹄高飞，一举千里，羽翮已就，横绝四海。横绝四海，当可奈何！虽有矰缴，尚安所施。

（出自《史记·留侯世家》）

"横绝四海，当可奈何"，我刘邦从一介平民，一举千里，用无数成功累积成了皇帝，天下都是我的了，可又能如何？照样有无可奈何的事！"虽有矰缴"，"矰缴"就是后面带绳的箭，"尚安所施"，可是往哪儿射呢？作为皇帝我对所有生灵都有生杀予夺的权力，可是有这个权力又能如何呢？我能随随便便用这个权力吗？想把太子废了就废了，我能吗？不能。当了皇帝，恰恰是没了自由，恰恰是有更多身不由己。

在我看来，这悲凉的歌舞，正是刘邦与戚夫人版的"霸王别姬"。项羽和虞姬的"霸王别姬"是在一片刀光剑影之间，战马嘶鸣，野火燃烧，两个相爱的人相继自杀，绚丽悲壮。刘邦与戚夫人的"霸王别姬"则是在富丽堂皇的皇宫深处，在富贵的巅峰，两个相爱的人寂寞歌舞，压抑凄婉。一生繁华，即将落幕。

不久后，刘邦病死，他最爱的女人戚夫人被他的结发妻子吕后剁掉手脚挖去双眼，他最爱的儿子刘如意也没能保住性命，甚至他的其他几个儿子也没能保住性命。这样的一场"霸王别姬"，是不是更沉痛绵长呢？

第二十五回　刘邦之死

公元前195年冬，刘邦带病率军灭了淮南王黥布。返回途中，经过沛县，这里有他的整个青春，他作为一个平常百姓的所有日子都在这里度过，他一多半的生命都在这里度过。他肯定知道，这是他最后一次回到沛县了，不能再匆匆而过。于是，刘邦在沛县住下。

悉召故人父老子弟纵酒。

（出自《史记·高祖本纪》）

把父老乡亲们都叫来：喝酒！父老乡亲们，大家随便喝，怎么高兴怎么来！

喝到兴头上，刘邦一边击筑，一边放声高歌：

大风起兮云飞扬，威加海内兮归故乡，安得猛士兮守四方！

（出自《史记·高祖本纪》）

刘邦不是自己唱，他有一个合唱团给他伴唱。他提前挑了120个沛县的小孩，组成这个合唱团，提前教会他们伴唱。在孩子们的童音歌声中，刘邦把筑放下。

高祖乃起舞，慷慨伤怀，泣数行下。

（出自《史记·高祖本纪》）

此时，刘邦的身体已经不太好了，又喝了很多酒，晃晃悠悠，跌跌撞撞，那是怎样的一番心境。那么多悲欢离合，那么多生死劫难。他肯定会想起很多人，爱过的，恨过的，他会想起父亲，他知道，这绝对是父亲最喜欢的场面，他老人家要在，该有多好啊！

刘邦其实挺孝顺的。当年项羽要烹了他父亲，他说烹了就得分他一杯羹，那是非常情境下的一句气话，无可奈何。他当了皇帝后，对父亲孝敬有加。

高祖五日一朝太公，如家人父子礼。

（出自《史记·高祖本纪》）

每五天都得过去看望父亲一次，给父亲请安，跪下磕头，行家人父子之礼。

有一天，刘太公的管家对刘太公说：

天无二日，土无二王。

（出自《史记·高祖本纪》）

现在普天之下，那得是皇上最大，他是人主，您是他爹不假，可也是人臣。让人主拜人臣好像不大合适。

如此，则威重不行。

（出自《史记·高祖本纪》）

这有点儿影响皇上的威严。您说是吧？

刘太公觉得有道理：儿子打天下我也没帮什么忙，我这还给儿子造成不好的影响，这不行。

于是，下次刘邦再来给他请安时，刘太公早早地迎候在门外。刘邦有点儿奇怪，紧着上前两步。刘太公则赶紧倒退两步，倒着走，引领刘邦进门。

太公拥篲，迎门却行。

（出自《史记·高祖本纪》）

刘邦大惊，一把拉住刘太公：爹，您这是怎么了，怎么跟我还用这个礼节啊？这不反了个了吗？

刘太公说：儿子，你现在是皇帝、人主，不能因为我而乱了天下的规矩、礼法。

刘邦被气乐了：爹，您可逗死我了，什么礼法啊。叔孙通呢，你赶紧给我设计设计，到什么时候，爹也比皇帝大！父子在前，君臣在后。

于是，刘邦把刘太公尊为太上皇，在皇上上面，刘太公终于踏实了。不过，过了一段时间，刘太公又有点儿闷闷不乐。

刘邦问：爹啊，您这是怎么啦？哪儿不舒服吗？有什么事吗？

刘太公不说：没事，没事。

刘邦问刘太公身边人：我爹这是怎么啦？

有人回禀：太上皇就是想家啦，虽然如今好吃、好喝、好住、好穿，但是他闷得慌，他的朋友都还在老家丰县呢。什么屠贩少年、沽酒卖饼人、斗鸡蹴鞠人等，跟那帮人在一起，太上皇才快乐。这里，啥都没有。

刘邦：这事好办，那谁，你去趟丰县，把我爹的那帮熟人全部都搬到长安来。原来干什么的，到这儿还让他干什么；原来住什么的，照样

还给他盖什么。就把我爹在丰县的生活全搬过来，给弄成一个新丰县！

费了老大劲，真就弄好了，刘太公终于高兴了。

有时，刘邦还跟刘太公开开玩笑，逗刘太公开心。公元前198年，未央宫终于修建完工，一个庞大的宫殿建筑群，要多气派就有多气派。刘邦召集诸侯百官，一起庆贺，大摆筵宴，刘太公也在座。刘邦敬酒：爹啊，以前您老人家总看不上我，嫌我每天瞎混，也不知道挣钱养家，不如二哥能过日子。现在您再看看，是我这个家业大？还是二哥的家业大？

把刘太公乐得合不拢嘴。可惜，转过年来，刘太公就去世了，也算是年到寿到，可在儿女的心中不免觉得遗憾。

据说未央宫比现在的紫禁城大六倍，绝对是中国历史上最大的宫殿建筑群之一。谁主持修建的？丞相萧何。当时，刘邦从北方打韩王信回来，第一次见到新建成的未央宫。

见宫阙壮甚，怒。

（出自《史记·高祖本纪》）

他没想到萧何竟然把宫殿修建得如此规模宏大华丽，不禁大怒：天下大乱还没有平息，你修这么大的宫殿干什么？如此劳民伤财，是不是想让我走秦始皇的老路！

萧何赶紧解释：正因为天下还没有安定下来，老百姓还没有各就各位，才方便将他们组织起来修建这样的工程，这样非但不会劳民伤财，还能创造就业机会。

且夫天子以四海为家，非壮丽无以重威。

（出自《史记·高祖本纪》）

天子拥有整个天下，宫殿就得与这种身份、地位相匹配，不然威严和权威就无法体现出来。

刘邦情绪由阴转晴：有道理，想得周到，真高明，我真是服了你，重赏！

刘邦自始至终都是信任萧何的，当年他混社会、当亭长，都是萧何罩着他。之后，打天下，刘邦自己常年带兵在外，关中完全交给萧何掌管，兵源、粮草物资等生命线都交给萧何攥着。像韩信这样的高级将领也都是萧何提携起来的。

最早在沛县起义时，多数人推荐萧何做首领，是萧何让给了刘邦。所以，在整个汉军体系里，萧何的分量其实是可以跟刘邦抗衡的。所以，他们之间的关系很微妙。刘邦对萧何既依赖，又有点儿不安，跟项羽在荥阳抗衡期间，他数次派使者回关中问候萧何，非常殷勤。有个手下提醒萧何：大王这是对您不放心吧？

萧何苦笑：确实是这么回事，怎么办呢？

手下：您得让大王有个抓手。我看，不如把您家里的子弟也都送到前线去，送到大王的身边。

萧何：好，就这么办，给他个抓手。

果然，这么一弄，刘邦踏实多了。

后来，萧何在长安帮吕后杀掉韩信，刘邦在洛阳立即派使者回长安，给萧何又升了一级，从丞相升为相国，封地又增加了5000户，还送给萧何500个侍卫。长安的官员们都来给萧何道贺。唯有一个叫召平的人是来慰问萧何的：听说您要倒霉了，我前来慰问您。

召平曾是秦朝的东陵侯，改朝换代后成为平头百姓，在长安城东种了一片瓜地，瓜又大又甜，人称"东陵瓜"。萧何不敢小看，问：先生何出此言，有何指教？

召平：皇上给您新赐了这些，您不会以为是真爱您吧。刚有陈豨反

叛，又有韩信谋反，皇上心中定然草木皆兵，那500个侍卫分明就是监视您的，防止您造反！

萧何大惊，赶紧按照召平所教，辞让封地，并捐家财以助军饷，以讨刘邦的欢心。

然后，萧何又感觉不大对劲，还得做点儿别的事情，好让刘邦对自己彻底放心。做什么呢？这就与本回开头所说的故事接上了。刘邦打完黥布，在沛县又住了几天，返回长安，还没进城，就被一大群老百姓拦住。他们告御状：萧相国欺压百姓，以低价强买民宅、民田，皇上得给我们做主！

刘邦大怒：大胆萧何！这事我会给你们个交代的。

可实际上，他一点儿也没生气，高高兴兴进了未央宫，笑着问萧何：缺钱，是吗？欺负老百姓，强买民宅、民田？看看这些告状信，你自己去安抚他们吧。

萧何赶紧跪下磕头：臣罪该万死，确实有点儿老财迷了，办了点儿糊涂事。请您，千万恕罪。

刘邦一挥手：没事，缺什么你跟我说嘛，从我那上林苑里，给你划出点儿来不就完了吗？

萧何：谢主隆恩！对了，您说到上林苑，我觉得您这个皇家园林太大了，好多地方都照顾不过来，都荒着，怪可惜的。长安本来耕地就少，好多老百姓都没地种。您看，能不能开放出一部分上林苑，允许老百姓耕种，咱们也可以收点儿费用……

萧何正说着，冷不丁就听"砰"一声。刘邦一拍桌案：住口！来人！把萧何给我拖下去！

萧何蒙了，稀里糊涂地被扔进了大牢。

旁边人看刘邦生那么大的气，也没人敢劝，过了几天，瞅着刘邦的气消了，有个近臣问刘邦：萧相国犯了什么大罪过，惹您生这么大气啊？

刘邦长叹一口气：唉，我听说，李斯给秦始皇当丞相是怎么当呢？

有善归主，有恶自与。

（出自《史记·萧相国世家》）

落好的事，都让皇帝落；当恶人、背黑锅的事，都自己担着。可是，你看看萧何，他正好相反，他为民请命！嫌我的上林苑占的地太多了，要开放出去给老百姓种，这不就是收买人心吗？他是为民请命的好丞相，我是与民争利的坏皇帝，你说他安的什么心？

近臣：您快别生气了，您怎么还提李斯呢？要不是因为他，秦朝还亡不了呢。萧相国辅佐您这么多年，他能安什么心啊？他要是有二心，还用等到这会儿吗？您快消消气，早点儿把萧相国放出来吧，他也那么大年纪了，真要在牢里有个三长两短，您心里也不好受啊！

刘邦心里也一疼：是啊，别把老萧给气死了。好吧，传旨，快去把萧相国放出来。

萧何从监狱出来，家都没回，直奔未央宫，弓着背、赤着脚，来向刘邦谢罪：谢谢皇上不杀之恩，老臣知错了。

刘邦一翻白眼：你错什么了？你歇会儿吧，你为民请命，可是我不批准，说明我就是一个坏皇帝呗。我之所以把你关起来，就是要让全天下都知道，你萧何是多么好的一个相国，而我是多么坏的一个皇帝。行了，你回家歇会儿吧。明天照常上班，照常当你的好相国。

这就是君臣之际，为君难，为臣不易。不过，总算是善始善终，萧何这一劫过去了。

然后，人生如白驹过隙，刘邦这匹白驹快到站了。公元前195年二

月，刘邦又听说了一件痛心的事情，他这辈子最亲近的一个朋友，比亲兄弟还亲的一个人，竟然背叛了他。谁啊？卢绾。在刘邦的团队中，卢绾绝对是他最亲近的人。夏侯婴跟刘邦很亲近，但跟卢绾比不了，萧何、曹参更比不了，刘邦跟他们的关系更多是工作上的依赖，敬重可能多一点儿，而跟卢绾，则是从童年建立起来的信任，是一种不分彼此的感情。他俩的父亲就是好朋友，在一个村里长大。然后，刘邦跟卢绾是同年同月同日生，他俩的父亲同一天一人得到一个孩子，全村的人都为他俩的父亲高兴。

> 里中持羊酒贺两家。
>
> （出自《史记·韩信卢绾列传》）

村里人都拿着酒、带着肉，到他们家庆贺。然后，两个小孩一起长大。

> 俱学书，又相爱也。
>
> （出自《史记·韩信卢绾列传》）

小时候一起上学，是好朋友；长大成年了，还是好朋友。村里人都特别赞赏他们。

> 复贺两家羊酒。
>
> （出自《史记·韩信卢绾列传》）

当时的民风多好啊。

再后来，刘邦混社会，卢绾一起跟着，好的时候一起吃肉喝酒，落难时一块儿倒霉。打天下时，卢绾又是贴身大秘，后来被封为太尉，与丞相平级。

出入卧内，衣被饮食赏赐，群臣莫敢望。

（出自《史记·韩信卢绾列传》）

吃喝不分，睡觉几乎也不分，绝对的好朋友。

所以，刘邦打下天下后，异姓封王的原本只有七人，两个韩信、彭越、黥布、张耳、吴芮，还有臧荼，这些人本就是手握重兵的诸侯。然后，臧荼造反被灭后，他的燕王之位空了出来，换谁呢？按理应当封给刘邦的叔侄子弟，可是刘邦封给了卢绾。萧何、曹参等功臣，功劳再大也白搭，干瞪眼没脾气。

那么，如此亲近的关系，卢绾怎么还造反呢？说到底，还是因为人都是自私的。大致是说，刘邦打陈豨时，卢绾在北线配合，手下张胜听从逃亡匈奴的臧荼之子臧衍建议，劝卢绾缓兵，不要急于消灭陈豨，以稳固其燕王之位。

卢绾听从属下的建议，与匈奴、陈豨的使者进行接触，随后被告发。卢绾虽有私心，却无谋反的野心，他想到长安跟刘邦解释，可是听说刘邦重病，朝政全由吕后处理。他跟刘邦关系好，但跟吕后的关系并不好，心说：

吕后妇人，专欲以事诛异姓王者及大功臣。

（出自《史记·韩信卢绾列传》）

韩信、彭越都是吕后弄死的，她专门杀异姓诸侯王，好给她儿子坐天下扫清障碍。我现在要是去了长安，必死无疑，还是等皇上病好了再去吧。

可是刘邦等不了，他派人到燕国调查，卢绾身边的人竟然都藏了起来，又听说张胜藏在匈奴那边，大怒，认定了卢绾造反，派樊哙带兵平定叛乱。卢绾带着宫人、家属和几千兵马弃城而逃，准备逃到塞外匈

奴。临出塞时，他停下来，希望还能等到刘邦的召见、赦免，可惜没有等到。因为，此时刘邦已经病危。

当时，吕后请来一位名医，经过一番望闻问切，医生说：还能治。

围在旁边的人顿觉轻松，而刘邦反而拼着力气把这位医生大骂一通：你能治什么？

吾以布衣提三尺剑取天下，此非天命乎？命乃在天，虽扁鹊何益！

（出自《史记·高祖本纪》）

我本是一个布衣平民百姓，提三尺剑，用了几年时间就打下了天下，当上了皇帝。靠的是什么？是天命！天命让我活我就活，天命让我死我就死，你就是扁鹊来了又有什么用？皇后，难为你请来这位医生，好好赏赐他，我不治了。

最早读到这里时，我一拍大腿：刘邦真豪杰也！看破生死，何其洒脱！

后来，认识稍深，才体会出，这是司马迁在《史记》里刻意强调的天命观。不仅刘邦这样说，项羽、韩信最后的话也是如此。项羽说：

令诸君知天亡我，非战之罪也。

（出自《史记·项羽本纪》）

韩信说：

吾悔不用蒯通之计，乃为儿女子所诈，岂非天哉！

（出自《史记·淮阴侯列传》）

孔子也这样说：

颜渊死。子曰："噫！天丧予！天丧予！"

（出自《论语·先进》）

天生德于予，桓魋其如予何？

（出自《论语·述而》）

天之未丧斯文也，匡人其如予何？

（出自《论语·子罕》）

不怨天，不尤人。下学而上达。知我者其天乎！

（出自《论语·宪问》）

这就是中国古人的信仰。

刘邦笃信天命，不再接受治疗，很快就要死掉了。

吕后抓紧最后的时间，问：您百岁后，等萧相国也死了，让谁接替他的相位？

刘邦答：曹参。

吕后问：曹参之后呢？

刘邦答：王陵，让陈平帮着他，还有周勃，以后刘家要靠周勃渡一次难关，让周勃当太尉，掌兵权。

吕后继续问：再然后呢？

刘邦摇摇头：我也不知道了。

公元前195年四月，刘邦驾崩，享年62虚岁。

刘邦之死，让我们见识了开国之君所必须具备的两大品质。

一是超然生死，不怕死。怕死，谁还敢打天下？

二是知人善任，知人至深，用人如神。

《汉书》对刘邦盖棺定论：

> 初，高祖不修文学，而性明达，好谋，能听，自监门戍卒，见之如旧。初顺民心作三章之约。天下既定，命萧何次律令，韩信申军法，张苍定章程，叔孙通制礼仪，陆贾造《新语》；又与功臣剖符作誓，丹书铁契，金匮石室，藏之宗庙。虽日不暇给，规摹弘远矣。
>
> （出自《汉书·高帝纪》）

　　刘邦不喜欢读书，但是有天分，有智慧，善于思考，善于听取别人的意见。而且刘邦没有架子，跟守门站岗的最底层的官兵也能如兄弟般闲聊。他对于形势有准确把握，初治关中，仅约法三章，顺应民心。等到天下打下来了，他就进行周密细致的制度建设，萧何修订法律，韩信立军法，叔孙通制定礼仪，张苍修订历法、度量衡等，使天下政务各得其宜，有章可循，同样顺应民心。

　　对于手下功臣，该灭的就灭掉，该安抚的就安抚。他真正做皇帝的时间不过六七年，就把所有的一切都搞定了，如此巨大的工作量肯定让他忙得"日不暇给"，他却能"规摹弘远"，通过这一系列工作，为大汉王朝打下了传承四百年的坚实基础。

第二十六回　吕后为什么那么狠毒

　　公元前195年四月，汉高祖刘邦驾崩。吕后顿觉压力巨大，儿子刘盈只有15岁，凭他们孤儿寡母，能坐得了天下吗？怎么办呢？先不能让世人知道皇上死了。于是，秘不发丧，并与审食其商量：

　　诸将与帝为编户民，今北面为臣，此常怏怏，今乃事少主，非尽族是，天下不安。

（出自《史记·高祖本纪》）

　　下面那帮大臣将领们早年跟皇上一样都是平头百姓，随后又都跟在皇上身边，眼瞅着皇上打下了天下，毫无神秘感。他们心里肯定想：凭什么他能当皇帝，我就不能当？

　　现在换了皇上的儿子当皇帝，他们自然更不服气，更想取而代之。虽然韩信、彭越、黥布等最厉害的已经让皇上收拾了，但是剩下的这帮人随便哪个出来，对付我们娘俩也都富余啊。怎么办呢？我看，干脆把他们都召进宫来，就像杀韩信一样，把他们全部杀光。不这样做，我儿子这天下坐不稳。你说呢？

　　审食其当年陪在吕后身边，一起被扣在项羽手下做人质，一起共患难过，是吕后最信任的人，可是他水平有限，没有主意。

　　一晃四天过去了。宫外边的人们知道了消息，要沸腾。郦商跟审食其的关系不错，立即奉劝：听说皇上已经驾崩，皇后要尽诛大臣，有这事吗？现在樊哙、周勃、陈平、灌婴等都带重兵在关外，真要这么做，他们带兵杀回来，大汉江山立马就完了！

　　审食其转告吕后，吕后才打消了这个危险的想法，规规矩矩地给刘邦发了丧，安葬在长陵。

　　公元前195年五月二十日，刘盈即位，成为汉惠帝，吕后成为吕太后。

　　接下来，吕太后内心的深切焦虑似乎成了贯穿其终生的情结。孔子讲：

　　其未得之也，患得之；既得之，患失之。苟患失之，无所不至矣。

（出自《论语·阳货》）

　　后世对她的评价主要是一个词——狠毒。此前她杀韩信、彭越，可见一斑，后面还有更狠的。她为什么那么狠毒？大致就是孔子讲的这个道理，"苟患失之，无所不至矣"，她太焦虑、太害怕失去。

　　刘邦死之前，她最害怕儿子失去太子之位，也害怕自己失去皇后之位。她的敌人戚夫人年轻漂亮，常年随刘邦四处征战，生了儿子刘如意，只看这名字就可以看出多得刘邦宠爱。吕太后跟刘邦早年是贫贱夫妻，有道是，贫贱夫妻百事哀，刘邦不事家人生产，又贪财好色，很难讲夫妻有多恩爱。随后，刘邦出去打天下，吕太后常年在项羽手下做人质，那是怎样的煎熬，回到刘邦身边后，仍是聚少离多，夫妻之间的疏离感可想而知。

　　这种疏离感也必然会影响到刘盈，刘盈肯定同情母亲，对刘邦有种抵触心理。一个青春期的男孩这种心理常常是明显的。所以刘邦对刘盈自然也有不满，数次想改立刘如意为太子，那绝不是闹着玩的，那是跟吕太后恩断义绝的架势！这让吕太后多寒心。寒心也没办法，刘邦在位时，她得委屈隐忍；刘邦不在了，她还得隐忍，因为当务之急是巩固儿子刘盈的皇位。

幸运的是，萧何、曹参、陈平、王陵等重臣都是刘邦早已精心选好的人，都保持着对刘邦的忠诚，一切都稳稳当当。

就这样，过了半年，一切都挺好。好了，爆发吧！吕太后先是把戚夫人打入冷宫，剃光头发，戴上刑具，推磨舂米。

戚夫人很委屈、很难受。

戚夫人舂且歌曰："子为王，母为虏，终日舂薄暮，常与死为伍。相离三千里，当谁使告女？"

（出自《汉书·外戚传》）

《尚书》所谓，"诗言志，歌咏言"，诗歌是用于表达思想、宣泄情感的。戚夫人是个才女，在这种人生最悲苦的情境里，这首无限悲凉的诗歌不由自主地就唱了出来：儿子在三千里外为王，母亲则在濒临死亡的境地里挣扎。唉，怎么办呢？

吕太后听闻大怒：你还想指望儿子救你呢？我这就杀死你儿子！

吕太后便派使者去赵国，召赵王刘如意回长安。

使者去了三次，都被赵相周昌给挡了回来：赵王正生病呢，去不了。使者先生，您回去跟吕太后好好解释一下吧。

吕太后此前受恩于周昌，也没脾气，怎么办呢？她干脆先派使者以公务之名召周昌回长安。

周昌没理由拒绝。他前脚刚离开赵国，后面另一位使者就来召赵王刘如意。这次没人保驾了，只有十一二岁的刘如意就跟着使者来了长安。

小皇帝刘盈非常善良，他知道吕太后要杀刘如意，早早地出了长安城，在霸上接上刘如意，直接带回皇宫，形影不离地保护刘如意，吃饭睡觉都不分开。

吕太后想害刘如意，没机会下手。没关系，没机会就等机会。然后，就在公元前195年腊月的一个早上（刘邦是同年四月死的，还在同一年里），这天天还未亮时，汉惠帝刘盈出宫打猎，小如意赖床起不来，没跟着。刘盈打着猎，心里感觉不踏实，赶紧返回。可惜，他还是来晚了一步，小如意已经被杀死了。刘盈大哭：唉，怎么能这样啊！奈何？奈何？

这是自己亲妈干的，无可奈何。然后，好多天，他都不去看望吕太后，不给吕太后问安。这一天，吕太后派使者来请。刘盈拒绝：我忙着呢，不去。

使者：太后说了，让您必须过去，过去看"人彘"。

刘盈："人彘"是什么东西？

使者：您过去看了就知道了。

刘盈的好奇心被勾了起来：好吧，去看看。

见了吕太后，刘盈问：您叫我看什么东西？

吕太后的表情复杂：在厕所里边，你进去看吧。

刘盈更好奇了，很怪异的感觉，进去一看，吓一跳。怪不得说是"人彘"，乍一看像头小猪，肉墩墩的，"彘"就是猪的意思，仔细一看，分明是一个人！是一个被剁掉手脚，挖去眼睛，说不出话，挣扎扭曲的女人！

刘盈被吓傻了，跌跌撞撞地退出来：这……这……吓死我了……

吕太后把眼一瞪：吓什么吓！没出息，有什么可怕的。

刘盈：这……这……是什么人呀？

吕太后：这是戚夫人，是咱们的敌人，她以前要置咱们娘俩于死地……

刘盈根本听不进去，放声大哭，然后一病不起，一下子病了一年多，后来身体稍微恢复，派人给吕太后传话：

此非人所为。

（出自《汉书·外戚传》）

娘啊，我知道您的用意，是想让我不要这样仁弱，要我向您和父亲学，学冷酷无情。可是我学不来啊，在我看来，这不是人能干的事。这个天下我管不了，您自己看着管吧。

从此，汉惠帝不理朝政。

以此日饮为淫乐，不听政，七年而崩。

（出自《汉书·外戚传》）

每天只是吃喝玩乐，过一天算一天，就这样混了七年，到公元前188年八月驾崩，只活了23虚岁。

吕太后白发人送黑发人，痛哭不已。当时在场的有张良的儿子张辟强，只有15岁，是汉惠帝的侍中，他提醒丞相王陵和陈平：您二位发现没有，太后只干号，没掉眼泪。

丞相：还真是，这是什么意思？

张辟强：这还用说？皇上刚死，皇子又都太小，太后心虚，她怕地位不稳。

丞相：有道理，怎么办呢？

张辟强：太后要是忌惮你们这些功臣，你们可就悬了。要想让太后心安，最好的办法是赶紧把太后的娘家人抬举起来，让他们掌握长安军队。那样，太后踏实了，你们也就踏实了。

于是，王陵和陈平照办。吕太后的眼泪才终于掉了下来，而老吕家的权势也随之而起，吕太后的内心也相应发生了转变。此前，她一心保儿子，保儿子的太子之位，保儿子的皇位，杀韩信、彭越、戚夫人和刘如意，都是为了这个目的。

还有一次，吕太后差点儿把齐王刘肥杀掉。刘肥虽是刘邦外妇所生，但毕竟年长于刘盈，对刘盈的皇位自然也有挑战的可能，作为正妻的吕太后自然深恶之。刘盈即位的第二年，刘肥到长安朝贺，宴席间，刘盈以兄长之礼请刘肥上座。吕太后大怒，派人悄悄地倒了两杯毒酒，捧到刘肥跟前：大王，请您向太后敬酒。

刘肥没多想，端起一杯就往吕太后这边走，要敬酒。刘盈一看要敬酒，就想哥俩一块儿敬，他端起另一杯来，跟刘肥并排走到吕太后面前。吕太后吓坏了，甩手将刘盈的酒打翻：不用你敬！

刘盈不明所以，呆住了。刘肥很聪明，脑子一转，身子一歪，也把他那杯酒洒在了地上：哎哟，太后恕罪，孩儿罪该万死，我醉了，您看这酒都洒了，我喝不了了。

事后，刘肥找人确认，当时他拿的就是毒酒，吓坏了：怎么办呢？

手下谋士出主意：太后最爱两个人，一个是皇帝，另一个是鲁元公主。皇帝什么也不缺，可鲁元公主缺呀。本来鲁元公主跟着张敖做赵王后，日子过得还挺好，后来因为贯高那件事，张敖的赵王被免了，现在公主名下的封地不过几座小城而已。而您的封地却有七十多座城，马上献出几座来，送给鲁元公主。吕太后一高兴，您也就没事了。

刘肥赶紧照办。果然，吕太后高兴，以后没有再算计过他。

吕太后对鲁元公主的疼爱，简直太过分了。就在汉惠帝即位的第四年，吕太后竟然要把鲁元公主和张敖生的女儿嫁给汉惠帝，立为皇后，为的是"重亲"，亲上加亲。亲舅舅娶外甥女，而且这位小外甥女只有

11岁。吕太后还心急火燎的，想让小外孙女赶紧给自己生个孙子。怎么可能嘛，太愚昧了！

万方终无子。

（出自《汉书·外戚传》）

什么办法都想了，就是怀不上。正好，有个妃子生了儿子，吕太后就把那个妃子杀了，把孩子抱过来，对外声称是张皇后所生，立为太子。

汉惠帝死后，这个小太子即位，吕太后"临朝称制"，亲自坐朝，执掌天下。

从吕太后这段愚昧的所为可以看出，前期她的感情主要放在一对亲生儿女身上，并没有想过让娘家人如何。因为，按以后的常规来讲，强势的太后都会给皇帝娶一个自己娘家的侄女做皇后，以此提高娘家的势力。可是，前期吕太后并没有这样做。

然而，后期随着汉惠帝和鲁元公主的相继离世，吕太后内心的焦虑、悲凉可想而知，她别无选择地转向了对娘家的依靠，开始拼命支持吕家。

她打破了刘邦"非刘氏而王天下共击之"的遗嘱，先给去世的父亲和大哥追封为王，然后又给三个侄子吕台、吕产、吕禄，甚至侄孙吕通都相继封王，二哥后来也被追封为王。封王，不是只给个虚名，而是有名有实，封了王都得有对应的诸侯国封地。诸侯国封地从哪里来？只能从刘氏诸侯王手里抢过来。一开始，吕太后还比较慎重，凡事会征求一下丞相的意见，后来她感觉权力稳固，手段日益生猛、狠毒。她似乎尝到了狠毒的甜头，越狠毒权力越稳。

她临朝称制的第四年杀死了小皇帝。因为这个小皇帝长大一点儿

了，稍稍懂事，听说自己非张皇后亲生，自己的亲生母亲已被吕太后杀死了，怒称将来要报仇。于是，吕太后对外宣称小皇帝得了重病，不适合再当皇帝，废掉。随后，这个可怜的小孩"被病死"。

吕太后改立汉惠帝的另一个小皇子做皇帝。这个小皇子实际是谁所生，只有吕太后自己清楚。她继续临朝称制。

到第七个年头，吕太后杀死了刘邦的第六子赵王刘友。起因是吕太后给刘友安排了一个吕家女做王后，而刘友讨厌吕家，每天只跟其他王妃相爱。吕王后不堪冷落，向吕太后告状：刘友每天骂咱吕家，说熬死您之后，就发兵灭咱吕家。

吕太后让刘友来长安拜见她，也不见面，把刘友住的地方派兵一围，不管饭，最终，刘友被活活饿死。

然后，吕太后改封刘邦的第五子梁王刘恢为赵王。空出的梁王位，给了吕产。

不久后，刘恢自杀。起因是他的王后也是吕太后安排的吕家女，此女把一位刘恢宠爱的妃子毒死了。刘恢悲愤自杀。空出的赵王位，给了吕禄。

还是这一年，刘邦的小儿子燕王刘建病死，刘建有个小儿子，按理可以继承王位，吕太后派人过去将其秘密杀掉。空出的燕王位，给了吕通。

吕太后对刘邦的子孙们如此狠毒，让我感觉，她是真不爱刘邦。不过，她执掌天下的十几年间，包括汉惠帝在位的七年，却是当时老百姓过得最舒服的十几年，一个强盛的西汉王朝正在兴起。